臨床心理士
資格試験問題集6

令和 2 年～令和 4 年

公益財団法人 日本臨床心理士資格認定協会 監修

誠信書房

はじめに
――試験問題集６を利用する方々へ

本書は，臨床心理士資格試験問題の一部公開に関する，令和２年度（2020）から令和４年度（2022）までの120題の出題問題とその正答を特集した『臨床心理士資格試験問題集６』として公刊するものです。

この試験問題集は，通称「青本」として親しまれており，これまで，次の５冊が公刊されています。本書はそれに続いて，その後の３年間に公開された問題（解説を含む）をまとめたものです。

『臨床心理士資格試験問題集１』
（平成３年度から平成18年度までの556題を公開）
『臨床心理士資格試験問題集２』
（平成19年度から平成22年度までの162題を公開）
『臨床心理士資格試験問題集３』
（平成23年度から平成25年度までの117題を公開）
『臨床心理士資格試験問題集４』
（平成26年度から平成28年度までの120題を公開）
『臨床心理士資格試験問題集５』
（平成29年度から令和元年度までの120題を公開）

これに対し，通称「赤本」○○年版としてご利用いただいております『新・臨床心理士になるために』では，臨床心理士に求められる資質の陶冶および臨床心理士養成大学院の最新情報を網羅すると共に，当該年度の受験者に最新の問題（直近の前年度問題）を提供しております。

その結果，臨床心理士資格試験問題の公開された過去問すべてに目を通しておきたいと希望される場合は，青本の『臨床心理士資格試験問題集１』と『同２』，『同３』，『同４』，『同５』および『同６』（本書）の６冊に，『新・臨床心理士になるために―令和６年版』（令和６年７月公刊予定）を加えた７冊を求められるとよいことになります。

資格取得のためには，いろいろの準備勉強の資料があろうかと思います。この「青本６」も新たに加えられ，臨床心理士資格取得に向けて頑張られることを祈ります。

なお，本書の監修は，「赤本」ならびに従来の「青本」と同様に，公益財団法人日本臨床心理士資格認定協会の常務理事によるものです。加えて，試験問題（出題）統括委員長，資格審査委員の先生方はじめ，認定協会事務局職員および誠信書房各位の変わらないご尽力によって成るものです。心から感謝の意を表したいと思います。

令和６年５月15日

公益財団法人 日本臨床心理士資格認定協会

監修代表　藤原勝紀

目　次

I

試験問題の公表

ここに公表される試験問題は，臨床心理士資格審査試験のうち，一次試験の中核をなすマーク・シート方式による筆記試験の抜粋として，令和２年度（2020）から令和４年度（2022）までの３年間に出題された120題（40％）と，その正答（解説を含む）を示すものです。

臨床心理士資格試験の一次試験におけるマーク・シート方式試験では，臨床心理学の基礎としての心理学に関する設問20問，臨床心理査定30問，臨床心理面接30問，臨床心理的地域援助および職業倫理等20問，各領域にはすべての領域にわたる総合問題を含め計100問がおおよその出題傾向となっています。

以下に各年度の得点分布・平均点と解答方法も例示しておきます。

なお，平成３年度（1991）から令和元年度（2019）までの公開問題は既刊の『臨床心理士資格試験問題集１』および『同２』『同３』『同４』『同５』で，令和５年度（2023）の公開問題は『新・臨床心理士になるために―令和６年版』（2024年７月公刊予定）をご参照ください。

年　度	得点分布	平均
平成 3 年度（1991）	89 ～ 58 点	70.6 点
平成 4 年度（1992）	80 ～ 40 点	61.4 点
平成 5 年度（1993）	82 ～ 45 点	61.4 点
平成 6 年度（1994）	76 ～ 38 点	60.5 点
平成 7 年度（1995）	80 ～ 29 点	58.9 点
平成 8 年度（1996）	73 ～ 30 点	53.0 点
平成 9 年度（1997）	80 ～ 27 点	56.3 点
平成 10 年度（1998）	78 ～ 27 点	55.6 点
平成 11 年度（1999）	77 ～ 27 点	55.7 点
平成 12 年度（2000）	78 ～ 19 点	55.0 点
平成 13 年度（2001）	68 ～ 23 点	48.2 点
平成 14 年度（2002）	82 ～ 20 点	60.0 点
平成 15 年度（2003）	81 ～ 21 点	57.4 点
平成 16 年度（2004）	73 ～ 23 点	52.8 点
平成 17 年度（2005）	79 ～ 26 点	55.4 点
平成 18 年度（2006）	89 ～ 22 点	67.2 点

平成 19 年度（2007）	85 ～ 30 点	60.3 点
平成 20 年度（2008）	82 ～ 30 点	60.9 点
平成 21 年度（2009）	86 ～ 19 点	59.5 点
平成 22 年度（2010）	84 ～ 27 点	62.1 点
平成 23 年度（2011）	83 ～ 23 点	60.2 点
平成 24 年度（2012）	88 ～ 26 点	64.4 点
平成 25 年度（2013）	85 ～ 25 点	60.2 点
平成 26 年度（2014）	86 ～ 26 点	62.8 点
平成 27 年度（2015）	88 ～ 31 点	60.9 点
平成 28 年度（2016）	86 ～ 27 点	60.7 点
平成 29 年度（2017）	85 ～ 25 点	60.4 点
平成 30 年度（2018）	90 ～ 29 点	63.0 点
令和 元 年度（2019）	85 ～ 22 点	61.4 点
令和 2 年度（2020）	88 ～ 29 点	66.9 点
令和 3 年度（2021）	88 ～ 31 点	62.8 点
令和 4 年度（2022）	83 ～ 19 点	59.9 点
令和 5 年度（2023）	83 ～ 24 点	59.0 点

解答方法

1）問題は解答を一つ求める形式になっています。正答と思うものを，解答用紙の問題番号と同じ番号の「解答欄」に解答してください。正答と思う記号をａ，ｂ，ｃ，ｄ，ｅの中から一つ選んで，次の例にならって塗りつぶしてください。

（例　正答がｃと思う場合）

問題	解　答　欄
1	ⓐ　ⓑ　●　ⓓ　ⓔ

2）採点は専用機器によって行いますので，解答用紙への解答はHBの鉛筆（シャープペンシルは使用できません）を使用し，枠外にはみ出さないように濃く塗りつぶしてください。塗りつぶし方が不適切な場合は，解答したことになりませんので，注意してください。

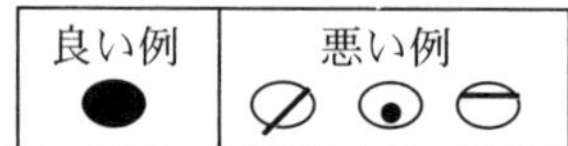

3）一度解答した箇所を訂正する場合は，消しゴムで，消し残しのないように完全に消してください。鉛筆の跡が残ったり，×のような消し方などをした場合は，訂正または解答したことになりませんので，注意してください。

令和２年度試験問題

事例問題

次の事例を読んで，**問題３**から**問題４**の設問に答えなさい。

【事例】

２歳の子どもと母親が，初めての遊び場に来た。子どもはしばらく様子を見ていたが，母親の手をひいて，砂場に行った。持ってきたバケツやシャベルで遊び始めた子どもを見て，母親はそばのベンチに座り見守っていた。そのときに，救急車がサイレンを鳴らしながら脇の道を通った。子どもは顔を上げて母親を見た。母親が，「救急車が行ったね，大丈夫だよ」と笑顔で応えると，子どもはほっとした表情で，また遊びに戻った。そのうちに，置いておいたシャベルを他の子どもが使い始めた。他の子どもの手からシャベルを取ろうとしたが，「ダメ」と言われて，泣き始めた。母親はそばに行って慰めることはせず，少し様子を見ていた。それを見た別の４歳の子どもが，「大丈夫？」と声をかけた。それには答えずに，泣きながら母親のところに戻ってきた子どもは，両手を出した。母親は子どもを抱き上げて背中をなでながら，「シャベルを使いたかったのね，使えなくて残念だったね」と話しかけながら抱いていた。そしてしばらくすると，子どもは母親の膝から降りて，また砂場に戻って行った。

問題３（事例問題）

この子どもの行動に関する次の記述のうち，正しいものの組み合わせを下のａ～ｅの中から一つ選びなさい。

Ａ．救急車のサイレンが鳴って，母親を見た子どもの行動は，社会的参照行動である。

Ｂ．シャベルを使えずに，泣きながら母親のところに戻ってきた子どもの行動は，探索行動である。

Ｃ．「大丈夫？」と声をかけた４歳の子どもの行動は，向社会的行動である。

Ｄ．母親に抱っこされた後に砂場に戻って行った子どもの行動は，回避行動である。

（組み合わせ）

ａ．Ａ　Ｂ

ｂ．Ａ　Ｃ

ｃ．Ｂ　Ｃ

ｄ．Ｂ　Ｄ

ｅ．Ｃ　Ｄ

問題４（事例問題）

次の母親の行動と，そのような行動が親に多くみられる子どものアタッチメント・タイプとの組み合わせの中から，最も適切なものを一つ選びなさい。

	母親の行動	子どもの アタッチメント・タイプ
a．	ベンチに座り，バケツやシャベルで遊び始めた子どもを見守る。	安定型
b．	「救急車が行ったね，大丈夫だよ」と子どもに声をかける。	アンビバレント型
c．	シャベルを取られて泣いている子どものそばに行って，慰めることをせず，様子を見る。	回避型
d．	泣きながら母親の元に戻ってきた子どもを抱き上げる。	アンビバレント型
e．	「シャベルを使いたかったのね，残念だったね」と話しかけながら抱いている。	無秩序型

問題５

記憶に関する次の記述の中から，<u>適切なもの</u>を一つ選びなさい。

a．記憶は，記銘，保持，忘却の３つの過程からなる。
b．感覚記憶では，大量の情報が１分程度保持される。
c．短期記憶において，呈示された刺激リストの初頭部の再生成績がよいことを親近性効果という。
d．言語や概念などに関する一般的知識の記憶をエピソード記憶という。
e．ある事柄についての記憶が，その後に経験した事柄によって干渉されることを逆向抑制という。

問題8

ストレス反応への対処としてのリラクセーション法に関する次の記述のうち，適切なものの組み合わせを下のａ～ｅの中から一つ選びなさい。

A．自律訓練法は，公式言語による身体各部位への能動的注意集中によって，緊張を解き心身の状態を自己調整する。

B．漸進的筋弛緩法は，全身の筋肉に対して一斉に緊張と弛緩を繰り返すことにより，骨格筋の緊張・興奮状態を弛緩させる。

C．バイオフィードバック法は，通常では認知できない不随意な生体反応を機器により検出し，それをフィードバックする自己制御法である。

D．呼吸法は，不安や緊張を低減させ，リラックス感を増大し，怒りや焦燥感を抑制する。

（組み合わせ）

ａ．A　B
ｂ．A　C
ｃ．B　C
ｄ．B　D
ｅ．C　D

問題11

大学生のＡさん（18歳，男性）は，小学１年生のときに１型糖尿病を発症。毎日３回，食事前にインスリンの自己注射を行い，良好な血糖コントロールを維持してきた。しかし，Ａさんは大学生になり内科に転科したときに，血糖コントロールが不良となり，担当医は自己管理ができていないのではないかと考えて，臨床心理士に心理面からの対応を依頼した。

Ａさんへの臨床心理士の初期対応に関する次の記述のうち，最も適切なものの組み合わせを下のａ～ｅの中から一つ選びなさい。

Ａ．家族の理解と協力を得ながら，血糖自己測定を強化する。
Ｂ．血糖コントロールに関する心理教育を行う。
Ｃ．自己管理の行動変容に向けた動機づけ面接を行う。
Ｄ．糖尿病にともなう心理的負担についてアセスメントする。

（組み合わせ）
ａ．Ａ　Ｂ
ｂ．Ａ　Ｃ
ｃ．Ｂ　Ｃ
ｄ．Ｂ　Ｄ
ｅ．Ｃ　Ｄ

問題 14

質的研究法に関する次の記述のうち，適切なものの組み合わせを下のａ～ｅの中から一つ選びなさい。

Ａ．エスノグラフィーは，調査対象の文化集団に属する人々の生活に深く入り込んで調査を行う。
Ｂ．グラウンデッド・セオリーの目的は，切片化したデータをカテゴリーに分類することによって仮説を検証することである。
Ｃ．ナラティブ分析は，対象者自身の経験を物語として語ってもらい，それを分析する方法である。
Ｄ．KJ 法では，演繹的方法が重視される。

（組み合わせ）

a．A　B
b．A　C
c．B　C
d．B　D
e．C　D

問題 16

発達期に関する次の記述のうち，正しいものの組み合わせを下のａ～ｅの中から一つ選びなさい。

A．Erikson, E. H. は，青年期の発達課題を「世代性対孤立」とした。
B．Parten, M. B. は，幼児の自由遊びを観察し，遊びの発達分類カテゴリーを作成した。
C．Hollingworth, L. S. は，青年期に親への依存から脱却することを心理的離乳と呼んだ。
D．Freud, A. は，15～24 カ月の幼児に分離不安が生じるとした。

（組み合わせ）

a．A　B
b．A　C
c．B　C
d．B　D
e．C　D

問題 18

コンサルテーションの基本特性に関する次の記述の中から，適切なものを一つ選びなさい。

a．仕事上の課題を扱うが，その責任の主体は，コンサルティにある。
b．同一組織内で利害が直接関係する者同士で行われる。
c．コンサルタントが必要と判断するときに，強制的に行われるものである。
d．コンサルタントが必要と判断すれば，個人的問題のカウンセリングを同時に行う。
e．同一職種の経験のある者と少ない者との関係で行われる。

問題 19

集団間葛藤に関する次の記述の中から，最も適切なものを一つ選びなさい。

a．実験室内で形成され，ささいな条件で振り分けられた最小条件集団においては，内集団ひいきは認められない。
b．集団間葛藤があり，従属関係のある集団のそれぞれのメンバーが，接触する機会が多ければ，葛藤が軽減される。
c．ジグソー法による学習は，学習をともに行った集団のメンバーへの偏見を軽減する。
d．人々を２つの集団に分けてカテゴリー化することは，集団間の類似性の認知を増大させる。
e．ステレオタイプは，ある社会的集団に関する情報に非好意的な感情が加わったものである。

問題 26

投映法検査に関する次の記述のうち，正しいものの組み合わせを下のａ～ｅの中から一つ選びなさい。

Ａ．P-F スタディは，欲求-圧力分析とも呼ばれる。
Ｂ．TAT は，物語の質的分析を行うのが主な解釈法であり，数量化はしない。
Ｃ．SCT では，被検査者の自己像や対人関係の認知が理解できる。
Ｄ．バウムテストには，精神病者の特徴があらわれる場合がある。

（組み合わせ）
ａ．Ａ　Ｂ
ｂ．Ａ　Ｃ
ｃ．Ａ　Ｄ
ｄ．Ｂ　Ｃ
ｅ．Ｃ　Ｄ

問題 27

ロールシャッハ・テストに関する次の記述の中から，正しいものを一つ選びなさい。

ａ．Ⅰ図版で「全体で大きなトリ」という場合には，平凡反応（公共反応）Ｐとスコアする。
ｂ．Ⅱ図版で「２匹の犬がじゃれあっている」という場合には，Ｍとスコアする。
ｃ．Ⅳ図版で「チョウチョ，羽と触角があって，緑色をしている」という場合には，FC とスコアする。

d．Ⅶ図版で「２人の天使が手をつないで踊っている」という場合は，Mとスコアする。

e．Ⅸ図版で「全体が人の顔，悲しそうな顔をしている」という場合には，形態水準は良好である。

問題 28

次の文章の空欄〔A　B　C　D〕に該当する語句として，下のａ～ｅの組み合わせの中から，正しいものを一つ選びなさい。

P-Fスタディでは，フラストレーション場面において被検査者がどの程度一般的，常識的な反応をしているのかをみるために［ A ］の指標を使用する。

［ A ］の解釈においては全体的な数値だけではなく，フラストレーションの原因が自己にあって他者から非難や叱責を受けている［ B ］場面と，他者または非人為的な障害が原因となってフラストレーションが起きている［ C ］場面に分けて解釈することが必要である。また，検査中の被検査者の心構えの変化をとらえる［ D ］の値と合わせて検討するなど，単一の指標のみではなく複数の指標を総合的にとらえて解釈を行う。

（組み合わせ）

	A	B	C	D
a．	GCR	自我阻害	超自我阻害	反応転移
b．	M-A	自我阻害	超自我阻害	主要反応
c．	GCR	超自我阻害	自我阻害	反応転移
d．	M-A	超自我阻害	自我阻害	主要反応
e．	GCR	超自我阻害	自我阻害	主要反応

事例問題

次の事例を読んで，**問題 29** から**問題 31** の設問に答えなさい。

【事例】

Aさん（27 歳，女性）は，大学卒業後，事務職として働いている。半年前に父親が脳梗塞で倒れた頃から，戸締りを何度も確認するために会社に遅刻したり，資料の準備のために上司に昼夜問わず質問をしたりするなどの行動がみられるようになった。Aさんは「最近，物忘れが悪化した」と訴えて，医療機関を受診した。主治医はAさんの状態を理解するために，知的能力を測定する心理検査のほかに，MMPI とロールシャッハ・テストの実施を臨床心理士に依頼した。以下は，それらの結果の一部である。

【MMPI】

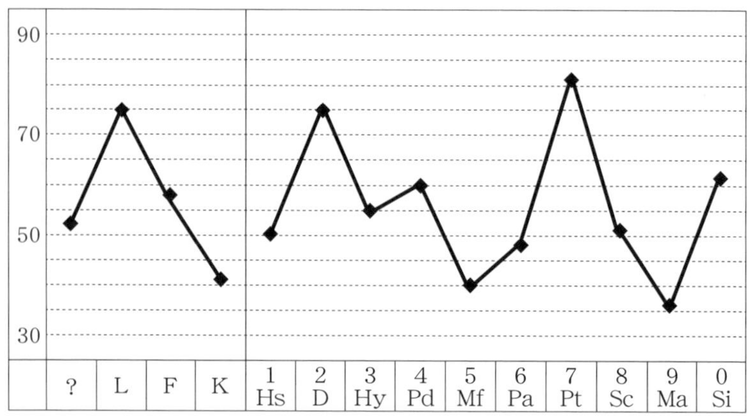

【ロールシャッハ・テスト　片口法（主なもの）】

R＝40，Rej＝0，TT＝15 分 33 秒，R_1T(Av.)＝10.2 秒，W：D＝26：4，W%＝65.0%，Dd%＝25.0%，W：M＝26：5，M：ΣC＝5：0.5，FM＋m：Fc＋c＋C′＝3：1，FC：CF＋C＝1：0，M：FM＝5：2，

F％＝67.5％，ΣF％＝100％，F＋％＝87.0％，ΣF＋％＝75.0％，H％＝25.0％，A％＝70.0％，P＝7，Content Range＝4，Determinant Range＝5

【ロールシャッハ・テスト　包括システム（主なもの）】
R＝40，L＝2.33，W：D：Dd＝26：4：10，W：M＝26：5，EB＝5：0.5，EA＝5.5，eb＝3：3，es＝6，FC：CF＋C＝1：0，FM＝2，SumC′＝1，XA％＝85.0％，WDA％＝90.0％，X－％＝15.0％，Afr＝0.43，P＝6，H＋Hd＋(H)＋(Hd)＝13

問題 29（事例問題）

Aさんの MMPI の結果に関する次の記述の中から，最も適切なものを一つ選びなさい。

a．自分をよく見せようとせず，心理的苦痛が強い。
b．緊張が強く神経質で，自信がない。
c．非現実的で，妄想的な思考障害が示唆される。
d．心理的問題を身体の不調に置き換える傾向がある。
e．女性の伝統的な性役割を拒否している。

問題 30（事例問題）

Aさんのロールシャッハ・テストの結果に関する次の記述の中から，最も適切なものを一つ選びなさい。

a．自分の能力以上の要求を自身に課す傾向がある。
b．具体的，現実的，日常的なものの見方が優勢である。

c．人に対しての興味・関心が低い傾向にある。
d．現実への関心が乏しく，内的な空虚さが目立つ。
e．興味・関心の幅が広く，観念内容が豊かである。

問題 31（事例問題）

Aさんの MMPI とロールシャッハ・テストの総合所見に関する次の記述のうち，最も適切なものの組み合わせを下のａ～ｅの中から一つ選びなさい。

A．抑うつ気分が強く，精神活動や現実検討力の低下がみられ，日常生活に支障が生じている。
B．劣等感や不確実感が強いために，細部へのこだわりや完全主義的な傾向が生じている。
C．規律正しく，常識的なものの見方も可能であるが，衝動を統制することが困難である。
D．不安や憂うつを抱えているものの，その感情を訴えるのではなく，知的に統制しようとする。

（組み合わせ）
a．A　B
b．A　C
c．B　C
d．B　D
e．C　D

事例問題

次の事例を読んで，**問題 33** から**問題 35** の設問に答えなさい。

【事例】

幼稚園の先生から勧められたと，Ａさん（５歳，男児）の母親が臨床心理士の勤務する相談室を訪れた。母親に事前に記入してもらった相談申込票の「相談したい内容」には，次のように書かれていた。

「友だちに対してすぐに手が出てしまいます。この前も友だちを突き飛ばし，怪我をさせてしまいました。何度，言い聞かせても変わりません。発達面で何か問題があるのではないかと心配です。」

なお，申込票の「生育歴」や「家族歴」にも，詳細な記載がされていた。

問題 33（事例問題）

母親への初回面接に関する次の記述のうち，正しいものの組み合わせを下のａ～ｅの中から一つ選びなさい。

Ａ．Ａさんの成長を正確に理解するために，申込票に記載された項目順に聴き取る必要がある。

Ｂ．Ａさんのできないことや問題行動だけではなく，肯定的な内容も聴き取る必要がある。

Ｃ．Ａさんの情報を聴き漏らさないためにも，しっかりとメモを取ることに集中すべきである。

Ｄ．Ａさんのアセスメントだけではなく，母親のアセスメントも同時に進めることが求められる。

（組み合わせ）

a．A　B

b．A　C

c．B　C

d．B　D

e．C　D

問題 34（事例問題）

臨床心理士は，母親の相談内容を聴きながら，まずはＡさんの状態を理解することの必要性を感じた。そこで，発達検査の実施を母親に提案したところ，了解が得られたことから，後日，新版Ｋ式発達検査 2001 を実施することになった。

新版Ｋ式発達検査 2001 に関する次の記述の中から，正しいものを一つ選びなさい。

a．記録用紙には，Ａさんが示した回答以外にも検査中の態度や反応などをできるだけ詳しく記録する。

b．記録については，検査用紙に通過は○，不通過は×，聴取はＲといった記号を記入する。

c．５歳児であるＡさんに対する検査項目は，決まった実施順序で行う。

d．発達指数を算出するために，実施できなかった検査については，母親から積極的に聴取する。

e．遊び的要素の強い課題が多いことから，新版Ｋ式発達検査 2001 は非構造化された観察場面である。

問題 35（事例問題）

Ａさんの新版Ｋ式発達検査 2001 の結果は，以下の通りであった。

Ａさんの発達検査の結果に関する次の記述のうち，正しいものの組み合わせを下のａ～ｅの中から一つ選びなさい。

生活年齢：５歳 11 カ月

発達年齢：４歳９カ月

領域	発達年齢	上限	下限
姿勢・運動	―	―	―
認知・適応	５歳７カ月	７：０～８：０ 積木叩 6/12	３：０～３：６ 重さの比較例後 2/2
言語・社会	４歳２カ月	４：６～５：０ 13 の丸理解（Ⅰ）	３：０～３：６ 了解Ⅰ 2/3
全領域	４歳９カ月		

Ａ．いずれの領域でも発達年齢が生活年齢よりも低いことから，Ａさんの発達には遅れが認められる。

Ｂ．Ａさんの発達指数は，80 である。

Ｃ．「認知・適応」領域の方が，「言語・社会」領域よりも優れている。

Ｄ．検査用紙上に描かれたプロフィールは平坦である。

（組み合わせ）

a．A　B
b．A　C
c．B　C
d．B　D
e．C　D

問題 39

次の文章の空欄〔A　B　C　D〕に該当する語句として，下の a ～ e の組み合わせの中から，正しいものを一つ選びなさい。

Murray, H. A. のハーバード版の TAT 図版は 31 枚からなり，1 枚は［ A ］である。Murray, H. A. の原法では 2 日間に分けて第一，第二系列の各 10 枚ずつ合計 20 枚が施行される。今日では同時に行われることが多い。図版に描かれた場面は，第一，第二系列とで［ B ］の程度に違いはあるが，ほぼ人物が描かれており，人間のまったく描かれていない図版は［ C ］枚しかない。その後，様々な施行法が提案されているが，図版の絵を見て物語を作るという教示は，原法と共通している。しかし，その物語が無意識的衝動・願望の［ D ］の産物であるという Murray, H. A. の仮説は，現在ではあまり支持されていない。

（組み合わせ）

	A	B	C	D
a．	空白図版	感情移入性	3	投影
b．	空白図版	日常性	3	投影
c．	空白図版	日常性	1	投影
d．	彩色図版	感情移入性	1	知性化
e．	彩色図版	感情移入性	3	知性化

問題 40

以下の TAT のプロトコルの解釈に関する次の記述の中から，最も適切なものを一つ選びなさい。なお，使用された図版は Murray 版である。

16 歳男子

３BM　この女の人は今彼氏を撃ち殺したところで，どうしていいかわからなくてソファーのところにへたり込んでいる。以上。（ちょっと待ってください，この場面の前にどんなことがあったの？）えー，うーん，よくわからんけど，うーん，ともかく何か彼氏に裏切られた。それが許せなくて撃ち殺した。それだけ。（では，これからどうなるの？）え，あ，今は夜なんだけど，朝が来て警察に電話する。彼氏を撃ち殺しましたって。それで，警察が来て捕まる。（それから？）で，裁判になって刑務所に行く。で，罪を償って出てくるんだけど，遺族はそれを許せなくて，その遺族に殺されちゃう。（殺されてしまうんだ。）うん，そう。以上。

a．「若い女性が恋人に裏切られて混乱している」というとらえ方から，男性被検査者の女性観を読み取ることができる。
b．図版の人物を男性または女性とみる割合はそれぞれ 50% 程度であり，人物が少年・少女だと見られる可能性はほとんどない。
c．このカードは男性用図版であるのに男性被検査者は人物を女性とみたことから，被検査者は性同一性に関して混乱を抱えている可能性が高いとわかる。
d．図中の小物体がピストルであることはほとんどの被検査者が気づくから，これを根拠にピストルに気づかない被検査者は攻撃衝動を抑圧しているとみなされる。
e．このカードでは人物の自殺願望・企図が語られやすいが，人を撃ち殺すという動機が語られていることから，自殺念慮や自殺企図の可能性は低いと判断できる。

問題 42

DSM-5 における神経発達障害群の診断に関する次の記述のうち，正しいものの組み合わせを下の a ～ e の中から一つ選びなさい。

A．知的能力障害の診断は，標準化知能検査の結果で判断される。
B．注意欠如・多動症の診断は，７歳以前に症状が認められる。
C．自閉スペクトラム症の診断基準には，知覚異常が含まれる。
D．発達性協調運動症は，学業成績にも影響する。

（組み合わせ）
a．A　B
b．A　C
c．B　C
d．B　D
e．C　D

事例問題

次の事例を読んで，**問題 59** から**問題 61** の設問に答えなさい。

【事例】

私設心理相談室に不登校のＡさん（中学生，男子）の家族が，家族療法の初回面接に訪れた。最初に面接室に入ってきた母親が，座る席を指示し，父親に一番上座をすすめ，父親，Ａさん，母親，妹の順に着席した。Ａさんの不登校を心配する母親がこの相談室のホームページを見つけて，家族を説得し来談に至ったという。Ａさんは終始下を向き，臨床心理士の問いには「別に…」と答える程度でしゃべらずにいると，業を煮やした母親が本人に代わって学校に行けなくなった経緯を話した。途中，臨床心理士が父親に話を向けると，「子育ては妻に任せてきたので…」とバツが悪そうに答えた。すると母親は，「夫は仕事が忙しく，まったく協力してくれない」と不満を述べ始めた。すると父親は表情を硬くし，妹と顔を見合わせ，母の愚痴がまた始まったとでもいうような表情をふたりが示し，面接室が緊張感に包まれた。ここで急にＡさんが咳き込みだした。すると，両親はＡさんを心配し始め，場の雰囲気はやわらかくなった。

問題 59（事例問題）

初回面接におけるＡさんの家族に関する次の記述のうち，適切なものの組み合わせを下のａ～ｅの中から一つ選びなさい。

Ａ．母親は，家族を相談の場まで連れてきた IP である。
Ｂ．父親は，来談に対してアンビバレントな感情をもっている。
Ｃ．Ａさんは，家族の中で強い来談動機をもっている。
Ｄ．妹は，両親間の葛藤の対処に一定の役割を果たしている。

（組み合わせ）
ａ．Ａ　Ｂ
ｂ．Ａ　Ｃ
ｃ．Ｂ　Ｃ
ｄ．Ｂ　Ｄ
ｅ．Ｃ　Ｄ

問題 60（事例問題）

初回面接におけるＡさんの家族に関する次の記述のうち，適切なものの組み合わせを下のａ～ｅの中から一つ選びなさい。

Ａ．面接中に生じたＡさんの症状（咳き込み）は，両親間の葛藤回避として生じた。

Ｂ．父親と妹は，連合して母親に対抗している。

Ｃ．父親は，この家族のゲートパーソンである。

Ｄ．Ａさんの不登校が母親の過干渉によって生じていることが，明らかになった。

（組み合わせ）

ａ．Ａ　Ｂ

ｂ．Ａ　Ｃ

ｃ．Ａ　Ｄ

ｄ．Ｂ　Ｃ

ｅ．Ｃ　Ｄ

問題 61（事例問題）

家族療法を用いた本事例における初回面接での臨床心理士の対応に関する次の記述の中から，最も適切なものを一つ選びなさい。

ａ．Ａさんとのラポール形成を優先するために，Ａさんに積極的に話しかける。

ｂ．家族の交流パターンを尊重し，母親を気遣いつつ，父親に挨拶を最初にする。

ｃ．両親間の葛藤に巻き込まれないようにするため，Ａさんについてはすぐに個人面接に切り替える。

d．母親の話をさえぎり，他の家族にも話をしてもらうように質問する。

e．Ａさんにかかわりの深い母親とのラポール形成を優先し，母親の話を中心に面接を進める。

問題 62

スーパーヴィジョンにおけるパラレルプロセスに関する次の記述のうち，正しいものの組み合わせを下のａ～ｅの中から一つ選びなさい。

Ａ．パラレルプロセスは，クライエントと臨床心理士の間で生じた転移-逆転移関係が，スーパーヴァイジーとスーパーヴァイザーの間にもち込まれる現象のことである。

Ｂ．パラレルプロセスは，スーパーヴァイジーとスーパーヴァイザーの間で生じている転移-逆転移とは厳密に区別すべきである。

Ｃ．パラレルプロセスにより生じたスーパーヴァイザーの逆転移感情は，倫理上の理由からスーパーヴァイジーに伝えない。

Ｄ．パラレルプロセスは，回避し難いものであり，いかに治療に活用しうるかが問われるものである。

（組み合わせ）

ａ．Ａ　Ｂ

ｂ．Ａ　Ｃ

ｃ．Ａ　Ｄ

ｄ．Ｂ　Ｃ

ｅ．Ｂ　Ｄ

問題 66

次の文章の空欄〔A　B　C　D〕に該当する語句として，下のａ～ｅの組み合わせの中から，正しいものを一つ選びなさい。

精神分析的な方向づけをもつ臨床心理援助において，多職種連携や協働のあり方の概念化は，特に［　A　］の治療において発展してきた。例えば，主に［　B　］を行う医師と心理療法を行う臨床心理士が治療方針を共有しつつ役割分担をしていく［　C　］や，最近では［　D　］に基づく治療においてチーム支援が提唱されている。

（組み合わせ）

	A	B	C	D
ａ．	境界性パーソナリティ障害	管理	A-T スプリット	メンタライゼーション
ｂ．	神経症	指示	治療構造論	メンタライゼーション
ｃ．	境界性パーソナリティ障害	指示	治療構造論	アタッチメント
ｄ．	神経症	管理	A-T スプリット	アタッチメント
ｅ．	境界性パーソナリティ障害	指示	A-T スプリット	メンタライゼーション

事例問題

次の事例を読んで，**問題 71** の設問に答えなさい。

【事例】

40 歳代の女性Ａさんは，大学院修士課程を修了後，専門職として就職し，結婚，妊娠，出産を経ながら職務をこなしてきた。しかし，第三子の出産を機に退職し，子育てに専念してきた。第三子が幼稚園に入園し，母親グループになじもうと努力を続けるうちに，入眠困難，不安焦燥感が出現し，精神科クリニックを受診した。医師は，抗うつ剤を処方し，Ａさんの内省力の確かさから心理療法が適していると判断し，心理療法を勧めた。Ａさんは，医師の紹介により，分析心理学の方向性をもつ臨床心理士に心理療法を申し込んだ。

問題 71（事例問題）

紹介された臨床心理士は50歳代の男性であった。臨床心理士は，Ａさんが心理療法を紹介されたプロセスについて語ることにじっと耳を傾けた後に，一呼吸おいて，「この心理療法でどのようなことをみていくことになると思いますか？」と問いかけた。

この問いかけに関する次の記述のうち，適切なものの組み合わせを下のａ～ｅの中から一つ選びなさい。

Ａ．初回面接で臨床心理士にどのような感情を抱いたかを意識してもらい，転移を取り扱っていく準備としての問いかけである。

Ｂ．心理療法は，クライエントと臨床心理士がともに主体的に参画する過程であることを伝える問いかけである。

Ｃ．分析心理学的心理療法では，どのような原因から問題や症状が発生しているかを「みていく」ことを伝える問いかけである。

Ｄ．分析心理学的心理療法では，どのような目的のために問題や症状が発生しているかを「みていく」ことを伝える問いかけである。

（組み合わせ）

ａ．Ａ　Ｂ

ｂ．Ａ　Ｃ

ｃ．Ａ　Ｄ

ｄ．Ｂ　Ｃ

ｅ．Ｂ　Ｄ

問題 73

描画を用いた心理療法の歴史に関する次の文章の空欄〔A B C D〕に該当する語句として，下のa～eの組み合わせの中から，最も適切なものを一つ選びなさい。

なぐりがきを絵画療法場面に持ち込んだNaumburg, M.（1966）は，［ A ］を世に紹介した。その後，小児科医であり精神分析家のWinnicott, D. W.（1971）は［ B ］を心理療法場面に導入し，なぐりがき研究の基礎を築いた。1977年，［ B ］を日本に紹介した中井久夫は，1982年枠づけ法を加え，［ C ］を提案。1984年には山中康裕が［ D ］を創案したが，［ D ］では同一の画用紙になぐりがきし，同時に物語を作ることで投影したものを再び意識の糸でつなぎとめる点が強調された。

（組み合わせ）

	A	B	C	D
a．	交互スクィッグル法	スクリブル法	相互限界吟味法	交互なぐりがき物語統合法
b．	交互スクィッグル法	スクリブル法	交互なぐりがき物語統合法	相互限界吟味法
c．	スクリブル法	交互スクィッグル法	相互限界吟味法	交互なぐりがき物語統合法
d．	スクリブル法	交互スクィッグル法	交互なぐりがき物語統合法	相互限界吟味法
e．	相互限界吟味法	交互なぐりがき物語統合法	スクリブル法	交互スクィッグル法

事例問題

次の事例を読んで，**問題 74** から**問題 76** の設問に答えなさい。

【事例】

会社員Ａさん（30 歳代前半，男性）は，現在の部署に異動し４月で２年目になった。５月頃から，なんとなくやる気がなくなり，仕事に打ち込めなくなってきていた。現在の部署には，前の部署での仕事ぶりを高く評価されて，若手でありながら重要なポジションに抜擢される形での異動であった。

以前は，担当していた仕事にやりがいを感じ，積極的に取り組んでいた。Ａさん自身，現在のポジションへの抜擢に自信をもち，異動当初は期待に応えたいとの思いもあって，意欲的に仕事に取り組んでいた。しかし，慣れない分野でなかなか思うような成果が上がらず，「自分は前の部署だったら，もっとできたはずなのに」との思いが強くなり，１年目の終わり頃から意欲がだんだんと弱くなりはじめた。

上司や同僚は，Ａさんの様子を気にかけてくれ，Ａさんも職場の人間関係に不満を感じているわけではなかった。しかし，前の部署の自分のことを知らず，精彩を欠いた自分の姿しか知らない今の部署の人たちに対して，「本当の自分を知らない人たちだ」という気持ちがあり，親しく交流することがなかった。２年目に入ってからは，「こんな配属をした人事のせいだ」という腹立ちも強くなり，上司に異動したいとの意向を伝えた。それに対し，上司は，社内にある社員相談室に行くことを勧め，来談となった。担当の臨床心理士（30 歳代前半，男性）の方向づけはクライエント中心療法である。

問題 74（事例問題）

臨床心理士は，Ａさんについて，初めの挨拶から，少し横柄な印象を受けた。初回面接の際も，臨床心理士の問いかけに，ぶっきらぼうに短く答えることが多く，臨床心理士は，「困り事を助けてほしいと思って来談したはずなのに，非協力的だな」との思いを抱いていた。

この際の臨床心理士の対応に関する次の記述の中から，最も適切なものを一つ選びなさい。

a．ラポール形成は難しいと考えられるので，できるだけ早く他の臨床心理士への変更を検討する。
b．「困り事を助けてほしいと思って来談されているはずなのに，横柄な態度を取られるのですね」と伝える。
c．クライエントに対して否定的な感情を抱くことは望ましくないと考え，感じないように努力をする。
d．そのような態度もＡさんの体験の表出の一つととらえて，傾聴を続ける努力をする。
e．自分に生じた思いをいったん脇に置き，客観的な見立てに影響を与えないように留意をする。

問題 75（事例問題）

臨床心理士は人事への不満や，職場の今の上司や同僚に対する思いを知るようになった。そこで，「横柄」と感じられるＡさんの態度は，「信用できるかどうかわからない相手に自分のことを話しても，自分の弱い面だけをとらえて理解した気になられるにきまっている。そんなことは許せない」という思いからではないか，という仮説が浮かんできた。そこで臨床心理士はこの理解をＡさんに伝えてみることにした。

この際の臨床心理士の対応に関する次の記述のうち，適切なものの組み合わせを下のａ～ｅの中から一つ選びなさい。

A．横柄な態度を取れば相手は不快に思うものだと気づかせるために，不快感を伝えるのがよい。
B．Ａさんの主観的な体験に対するこちらの理解が間違っている可能性は常にあるので，その理解を押しつけないようにする。
C．Ａさんが自分で気づいていない場合，臨床心理士の理解を伝えてみるのがよい。
D．臨床心理士側にＡさんの内心を暴いてやろうとか，Ａさんの弱いところを指摘してやろうといった，攻撃的な思いがないかを確認する必要がある。

（組み合わせ）
a．A　B
b．A　C
c．B　C
d．B　D
e．C　D

問題 76（事例問題）

臨床心理士はＡさんに，「ここで私に今の状況を話しても，これまでいろんな仕事をやりぬいてきた自分の姿をちゃんと知りもしないで，わかったようなことを言ってくるのに違いない。という思いがありませんか」「そのように思われたとしても，無理もないことですね」と伝えた。Ａさんは，はっとした表情で，臨床心理士の顔を見つめた。そしてＡさんは，「企業人としての自分の苦しみを，企業で働いたこともない若いカウンセラーにわかるものか，という気持ちがどうしても出てきてしまうんです」と語った。

この際の臨床心理士の対応に関する次の記述のうち，適切なものの組み合わせを下のａ～ｅの中から一つ選びなさい。

A．「私にも企業で働いた経験があるので，あなたのつらさはわかります」と自己開示する。
B．「日々どんな思いで働いてきたか，これまで企業人としてどう歩んできたか，そこが理解されないままで，今の自分のことだけを話すことは，気が進まないことですね」と，Ａさんへの理解を言葉にして伝える。
C．自分が伝えたことが，Ａさんがぼんやりと気づいていたのか，それとも，まったく思っていなかったことを指摘されて脅かされた感じがしたのか，Ａさんの様子を見きわめようとする。
D．Ａさんに自分の方が若いと誤解されたままでは，今後のラポール形成に影響を与えてしまうので，自分の実際の年齢を伝える。

（組み合わせ）
ａ．A　B
ｂ．A　C
ｃ．B　C
ｄ．B　D
ｅ．C　D

問題 77

多職種とのチーム連携に関する次の記述のうち，正しいものの組み合わせを下のａ～ｅの中から一つ選びなさい。

A．臨床心理士が所属するチームについて，そのチームの状況を振り返る際には業務の達成度や進捗だけでなく，人間関係という視点も重要である。

B．臨床心理士が多職種チームのメンバーとして存在価値を認められるためには，チームの方針に従って業務を遂行することが重要であるため，リーダーシップをとるようなことはない。

C．専門職間のコンフリクトを乗り越えるためには，チーム全体のビジョンに立ち返ることが有効である。

D．複数の専門職で構成されるチーム内で心理検査の結果を報告する際には，専門用語を用いて詳細に報告することで，臨床心理士の専門性を発揮できる。

（組み合わせ）

ａ．A　B
ｂ．A　C
ｃ．B　C
ｄ．B　D
ｅ．C　D

問題 82

高齢者福祉領域における心理的支援に関する次の記述のうち，適切なものの組み合わせを下のａ～ｅの中から一つ選びなさい。

A．高齢者福祉施設においては，認知機能のアセスメントは重要ではなく，回想法やリアリティ・オリエンテーションなどのプログラムの実施が期待される。

B．地域における高齢者の心理的支援では，定期的に時間を決めて行う面接に限らず，ベッドサイドや高齢者福祉施設の居室内などで臨機応変に行うことが重要である。

C．高齢者福祉施設においては，スタッフのメンタルケアを臨床心理士が担うことは重要である。

D．地域における介護家族の交流会は，行政機関所属の臨床心理士が企画・運営することになっている。

（組み合わせ）

a．A　B

b．A　C

c．B　C

d．B　D

e．C　D

問題 91

リストカットなどの自傷行為に関する次の記述のうち，正しいものの組み合わせを下のａ～ｅの中から一つ選びなさい。

A．リストカットは，他者の気を引くための演技的・操作的行動とみなす必要がある。

B．リストカットを行う者への対応にあたっては，リストカットを「救いを求める叫び」としてとらえることが大切である。

C．自傷行為は自殺とは異なるが，長期間自傷行為を繰り返す者の自殺リスクは高い。

D．自傷行為は，中年期以降にはみられない青年期特有の行為である。

（組み合わせ）

a．A　B

b．A　C

c．B　C

d．B　D

e．C　D

問題 92

子どもから事件・事故の目撃体験や被害体験について話を聞く際の留意点に関する次の記述のうち，正しいものの組み合わせを下のａ～ｅの中から一つ選びなさい。

A．子どもは，成人よりも事後情報によって記憶が歪められる可能性が高いため，選択式の質問を心がける。

B．子どもが，自分から話そうとする動機づけを維持できるよう，質問の仕方を工夫する。

C．子どもは，大人の期待に応えるため，わからないと言ってはいけないと考える可能性に配慮する。

D．被害体験を何度も想起するうちにトラウマが解消されていくので，被害体験について繰り返し聞くように心がける。

（組み合わせ）

a．A　B

b．A　C

c．B　C

d．B　D

e．C　D

問題 95

災害時に緊急支援を行う臨床心理士の留意点に関する次の記述のうち，正しいものの組み合わせを下のａ～ｅの中から一つ選びなさい。

Ａ．食料や水などの現実的な支援よりも，心理的なケアを早急に行う必要がある。
Ｂ．緊急支援では，外傷的な体験や失ったものにまつわる感情を詳細に聴くことを通じて，被災者の心情を正確に把握する必要がある。
Ｃ．災害現場で活動するにあたって，支援者自身の情緒的，身体的反応に注意を払う必要がある。
Ｄ．災害時は緊急事態ではあるが，文化や地域性に配慮した支援を行う必要がある。

（組み合わせ）
ａ．Ａ　Ｂ
ｂ．Ａ　Ｃ
ｃ．Ｂ　Ｃ
ｄ．Ｂ　Ｄ
ｅ．Ｃ　Ｄ

問題 96

「臨床心理士倫理綱領」に関する次の記述のうち，正しいものの組み合わせを下のａ～ｅの中から一つ選びなさい。

Ａ．臨床心理士は自らの専門的業務の遂行に際しては，来談者等の精神衛生の向上を第一義と心得なければならない。
Ｂ．臨床心理士は倫理綱領を十分に理解し，違反することがないように相互の間で常に注意しなければならない。

C．心理学的知識や専門的意見を公開する場合には，公共の福祉に貢献するべく専門家としての威厳ある振舞いを心掛けなければならない。

D．臨床心理士は自らの影響力や私的欲求を常に自覚し，来談者の信頼感や依存心を不当に利用しないように留意しなければならない。

（組み合わせ）

ａ．Ａ　Ｂ

ｂ．Ａ　Ｃ

ｃ．Ａ　Ｄ

ｄ．Ｂ　Ｃ

ｅ．Ｂ　Ｄ

事例問題

次の事例を読んで，**問題97**の設問に答えなさい。

【事例】

Ａさんは，駅のホームでスマートフォンを見ながら歩いていたところ，同じようにスマートフォンを見ながら歩いていた人とぶつかり，怒り出した相手にいきなり殴りかかられた。加害者は周りの人に取り押さえられ，駆けつけた駅員によって警察官に身柄を引き渡された。Ａさんは暴行を受けて，全治１カ月の傷害を負ったが，怪我の程度は生命に危険がおよぶようなものではなかった。Ａさんは被害者として，事件の経緯について警察に事情を聞かれたが，加害者がどのような人物であるのかわからなかった。Ａさんは，加害者が今後どのような処分を受ける可能性があるのかが気になり，犯罪加害者に対する刑事手続きや処分について調べてみることにした。

問題 97（事例問題）

Aさんが調べたところ，加害者が 20 歳を超えているか，20 歳未満であるかによって，手続きや処分が異なることがわかった。犯罪加害者に対する手続きや処分に関する次の記述の中から，正しいものを一つ選びなさい。

a．加害者が 20 歳を超えていた場合，検察官が起訴するかしないかを決めることができる。

b．加害者が 20 歳を超えていて懲役刑となり，刑務所に収容された場合，刑務所では受刑者に刑務作業を行わせ，改善指導や教科指導は行わない。

c．加害者が 20 歳未満であった場合，検察官が家庭裁判所に送致するかしないかを決めることができる。

d．加害者が 20 歳未満であった場合，保護処分に付される可能性があり，保護処分には，保護観察，児童自立支援施設又は児童養護施設送致，少年院送致，検察官送致の 4 種類がある。

e．加害者が 20 歳未満で少年院に収容された場合，少年院内で 20 歳に達したときには，少年刑務所に移ることになる。

問題 99

ストーカー行為等の規制等に関する法律に規定されている「つきまとい等」に当たる行為に関する次の記述のうち，正しいものの組み合わせを下のａ～ｅの中から一つ選びなさい。

A．汚物や動物の死体を送り付けることは，「つきまとい等」に該当する。

B．拒まれたにもかかわらず，連続して電子メールを送信する行為は，「つきまとい等」に該当する。

C．住居，勤務先，学校等の付近をみだりにうろつくことは，「つきまとい等」に該当しない。

D．拒まれたにもかかわらず，連続してSNSのメッセージ機能を利用してメッセージを送信する行為は，「つきまとい等」に該当しない。

（組み合わせ）

a．A　B

b．A　C

c．B　C

d．B　D

e．C　D

問題 100

産業領域のメンタルヘルスにおけるパワーハラスメントに関する次の記述のうち，最も適切なものの組み合わせを下のａ～ｅの中から一つ選びなさい。

A．部下の無断遅刻が続いたため，上司が部下を一定程度強く注意したことは，「精神的な攻撃」である。

B．上司の業務能力に関する否定的な情報と上司の実名を，部下数名が同時にSNSで広めたことは，「精神的な攻撃」である。

C．部下のキャリア発達を促すため，上司が部下に現状よりも少し高いレベルの業務を課したことは，「過大な要求」である。

D．上司に率直に意見を言う部下に対して，上司が担当業務から外し誰にでも遂行可能な業務を与えたことは，「過小な要求」である。

(組み合わせ)

a．A　B

b．A　C

c．B　C

d．B　D

e．C　D

令和３年度試験問題

問題２

心理学者に関する次の記述の中から，正しいものを一つ選びなさい。

a．Fechner, G. T. は，感覚と刺激の間の量的関係を測定するための具体的手続きを体系化し，精神（心理）物理学的測定法の基礎を築いた。

b．Köhler, W. は，「心理学の目標は行動の予測と統制にある」と主張し，行動主義を宣言した。

c．Skinner, B. F. は，外的刺激によって誘発されるレスポンデント型の反応を中心に，種々の強化スケジュールの効果を研究した。

d．Binet, A. は，ビネー式知能検査を用いて，下位検査のプロフィールによって知能の特徴をとらえようとした。

e．Harlow, H. F. は，アカゲザルの人工的な代理母の実験によって，仔ザルは肌触りのよさよりも，食餌として与えられる乳の方を好むことを見出した。

問題７

社会的影響に関する次の記述の中から，適切なものを一つ選びなさい。

a．社会的手抜きとは，誰かに見られていると手元が狂ったりするなど，他者の存在によって遂行成績が抑制されることである。

b．傍観者効果とは，多くの人が近くにいると，一人のときよりも遂行成績が向上する現象のことである。

c．説得や命令によって制限される自由の量が多いほど，心理的リアクタンスは大きくなる。

d．ドア・イン・ザ・フェイス法とは，受け手が応諾しやすい依頼をし，受け手がそれに応諾した後に，より大きな依頼を行う方法である。

e．認知的不協和とは，説得に関連するメッセージと，それとは逆のメッセージの両方が提示され，認知的に混乱した状態のことである。

問題９

パーソナリティ形成に関する次の記述の中から，正しいものを一つ選びなさい。

a．気質とは，発達初期からみられ，主に環境によって形成される心理的個人差のことである。

b．パーソナリティの遺伝率が50％ということは，父母のいずれかから受け継ぐことを意味する。

c．共有環境とは，双生児を類似させる働きをもつ環境要因のことである。

d．一卵性双生児のきょうだいでは，多くのパーソナリティ特性の得点が同一になる。

e．一つのパーソナリティ特性には，対応する一つの遺伝子があると考えられている。

問題 10

研究計画と分析手法に関する次の記述のうち，適切なものの組み合わせを下のａ～ｅの中から一つ選びなさい。

A. ２種類の授業方法と３つの学年で達成動機づけの平均値の差を検討するために，２要因の分散分析を行った。

B. 実験への参加者数を実験群と統制群で調整するために，得点の標準化を行った。

C. 授業の最初と最後にテストを行い平均値の差を検討するために，対応のある t 検定を行った。

D. 自尊感情と抑うつ傾向との関連について男女間での差異を検討するために，無相関検定を行った。

（組み合わせ）

ａ．A　B
ｂ．A　C
ｃ．B　C
ｄ．B　D
ｅ．C　D

問題 14

記憶に関する次の文章の空欄〔A　B　C　D〕に該当する語句として，下のａ～ｅの組み合わせの中から，正しいものを一つ選びなさい。

Scoville, W. B. と Milner, B. が 1957 年に報告した患者 H. M. は，難治性てんかんの治療目的で，［　A　］とその周辺部位の切除術を受けた。術後，知能や［　B　］は正常範囲内であったにもかかわらず，重度の［　C　］を示し，そのために毎日会う医師の顔を覚えることができなかった。こうした健忘症は［　D　］と呼ばれる。

（組み合わせ）

	A	B	C	D
a．	側頭葉内側部	手続き的記憶	前向健忘	器質性健忘
b．	側頭葉内側部	宣言的記憶	前向健忘	心因性健忘
c．	側頭葉内側部	手続き的記憶	逆向健忘	器質性健忘
d．	前頭葉内側部	宣言的記憶	逆向健忘	心因性健忘
e．	前頭葉内側部	手続き的記憶	前向健忘	器質性健忘

問題 15

次の文章の空欄〔A　B　C　D〕に該当する語句として，下のａ～ｅの組み合わせの中から，正しいものを一つ選びなさい。

認知的［　A　］理論とは「人が自分の認知要素に一貫性をもとうとする」という考えを基本にした，態度変化に関する理論の総称である。その一つとして，［　B　］が提案したバランス理論がある。

バランス理論では，自分（P）の他者（O）と対象（X）への認知，そして他者の対象への認知をプラスとマイナスで表現したうえで，その［　C　］がプラスになる場合は均衡状態，マイナスになる場合を不均衡状態ととらえる。そして，不均衡状態を解消するために，［　D　］への認知を変えることが提案されている。

（組み合わせ）

	A	B	C	D
a．	斉合性	Heider, F.	和	他者（O）や対象（X）
b．	不協和	Heider, F.	和	自分（P）や他者（O）
c．	斉合性	Festinger, L.	和	自分（P）や他者（O）
d．	斉合性	Heider, F.	積	他者（O）や対象（X）
e．	不協和	Festinger, L.	積	自分（P）や他者（O）

問題 16

次の文章の空欄〔A　B　C　D〕に該当する語句として，下のａ～ｅの組み合わせの中から，正しいものを一つ選びなさい。

Mahler, M. S. の分離-個体化過程では，乳幼児は［ A ］になると母親をぼんやりと認識するが，自分と母親が一体であるかのように行動する。生後４，５カ月になると，分離-個体化過程の第一段階である［ B ］が始まる。９～14 カ月には身体機能の発達によって自発的な移動が可能となるが，14 カ月以降になると［ C ］も増大する。その後，子どもは母親に対して身体接触を求めたり，回避したりを繰り返す［ D ］を経て，母親との融合状態から独立し，自らの個人的特質を獲得していくとされる。

（組み合わせ）

	A	B	C	D
a．	正常な共生期	分離期	分離不安	再接近期
b．	正常な自閉期	分化期	対象希求性	練習期
c．	正常な共生期	分離期	対象希求性	練習期
d．	正常な共生期	分化期	分離不安	再接近期
e．	正常な自閉期	分化期	分離不安	練習期

問題 28

投映法に関する次の記述のうち，正しいものの組み合わせを下のａ～ｅの中から一つ選びなさい。

Ａ．SCT は，病室や自宅に持ち帰って実施することが可能である。
Ｂ．SCT とロールシャッハ・テストは，投映水準が異なる。
Ｃ．TAT では，欲求不満場面での対処や認知が把握できる。
Ｄ．P-F スタディは，対人葛藤状況下での葛藤分析を行う。

（組み合わせ）
ａ．Ａ　Ｂ
ｂ．Ａ　Ｃ
ｃ．Ｂ　Ｃ
ｄ．Ｂ　Ｄ
ｅ．Ｃ　Ｄ

問題 33

DSM-5 における非行や反社会的行為と関連する次の記述の中から，最も適切なものを一つ選びなさい。

ａ．反抗挑発症が初発する時期の典型は，青年期以降である。
ｂ．素行症の診断基準の一つに，13 歳以降の怠学がある。
ｃ．窃盗症の患者は，窃盗を行った直後に緊張の高まりを示す。
ｄ．放火症には性差が認められ，女性の方が有病率は高い。
ｅ．反社会的パーソナリティ障害の人には，素行症の既往歴がある。

問題 36

小学６年生の男子に，臨床心理士が児童用 P-F スタディを実施したところ，M反応は 5.5，M−Aは 44％，GCR は 58％であった。

母親へのフィードバックに関する次の文章の空欄〔A　B　C　D〕に該当する語句として，下のａ～ｅの組み合わせの中から，最も適切なものを一つ選びなさい。

「お子さんのこころの中では，［　A　］や［　B　］の気持ちが強いんですね。人とのかかわりの中では，お子さん自身がやりたいことを［　C　］ことが多いかもしれません。お子さんの長所の一つとして，年齢相応の［　D　］ことがあげられます。」

（組み合わせ）

	A	B	C	D
a．	反抗	苛立ち	押し通す	常識が身についている
b．	妥協	我慢	あきらめる	常識が身についている
c．	反抗	苛立ち	押し通す	自己主張ができる
d．	反省	我慢	あきらめる	常識が身についている
e．	妥協	後悔	あきらめる	自己主張ができる

事例問題

次の事例を読んで，**問題 39** から**問題 41** の設問に答えなさい。

【事例】

中学２年生の男子Ａさんは，母親に連れられて児童・思春期精神科外来を受診した。主訴は，Ａさんの不登校および他者への強い被害感であった。初診では，Ａさんと母親の話から，家族への暴力や学校内での対人関係のトラブルも把握された。母親は，Ａさんについて，暴れるとおさまりにくく，敏感で育てにくかったと子育てを振り返り，涙を流した。主治医と臨床心理士は「今起きている問題について，丁寧に把握して治療に役立てたいので，心理検査の実施を計画している」と伝え，同意を得た。

問題 39（事例問題）

Ａさんの被害感と家族への暴力に着目し，臨床心理士はロールシャッハ・テストの実施を主治医に提案した。Ａさんへのアセスメントに関する次の記述のうち，正しいものの組み合わせを下のａ～ｅの中から一つ選びなさい。

Ａ．形態水準から，現実検討力のアセスメントを行う。
Ｂ．全体反応と部分反応の比率から，衝動性や感情統制のアセスメントを行う。
Ｃ．体験型の特徴から，思考障害のアセスメントを行う。
Ｄ．決定因における色彩と形態の統合度から，衝動性のアセスメントを行う。

（組み合わせ）
ａ．Ａ　Ｂ
ｂ．Ａ　Ｄ
ｃ．Ｂ　Ｃ
ｄ．Ｂ　Ｄ
ｅ．Ｃ　Ｄ

問題 40（事例問題）

その後，臨床心理士は知能検査の実施を主治医に提案した。主治医から「知能検査を実施すると，どんなことがわかるのですか？」と質問を受けた。

この際の臨床心理士の対応に関する次の記述のうち，正しいものの組み合わせを下のａ～ｅの中から一つ選びなさい。

Ａ．数値的結果に加えて，課題への対応など多様な情報が得られる。
Ｂ．知的能力のバラつきから，発達障害が診断できる。
Ｃ．主訴と関連する知的能力を把握することができる。
Ｄ．全体的な発達状況を理解し，その後の発達経過を予測できる。

（組み合わせ）
ａ．Ａ　Ｂ
ｂ．Ａ　Ｃ
ｃ．Ａ　Ｄ
ｄ．Ｂ　Ｃ
ｅ．Ｃ　Ｄ

問題 41（事例問題）

その後，臨床心理士は発達障害のアセスメントを主治医に提案した。

母親を対象とするテスト・バッテリーの提案に関する次の文章の空欄〔Ａ Ｂ Ｃ Ｄ〕に該当する語句として，下のａ～ｅの組み合わせの中から，最も適切なものを一つ選びなさい。

Ａさんの問題行動に加えて，日常生活のスキルを把握するために，まず［　Ａ　］を用いた半構造化面接を実施する。次に，自閉スペクトラム症の特性を評価するために半構造化面接形式の［ B ］を用いる。その他に，注意欠如・多動症と素行症の把握のために［ C ］，感覚過敏のアセスメントのために［ D ］を行う。

（組み合わせ）

	A	B	C	D
a．	S-M 社会生活能力検査	PARS-TR	CAARS	子どもの行動チェックリスト
b．	Vineland Ⅱ適応行動尺度	AQ	Conners 3	感覚プロファイル
c．	S-M 社会生活能力検査	AQ	CAARS	子どもの行動チェックリスト
d．	S-M 社会生活能力検査	PARS-TR	CAARS	感覚プロファイル
e．	Vineland Ⅱ適応行動尺度	PARS-TR	Conners 3	感覚プロファイル

事例問題

次の事例を読んで，**問題 43** から**問題 45** の設問に答えなさい。

【事例】

会社員Aさん（男性，55歳）は，クレーム対応を行う部署の管理職である。2年前，上長が客と部下の板挟みになるストレスからうつ病を発症し退職したことで，Aさんが代って管理職となった。

大過なく業務を遂行できていたが，新入社員Bさんがクレーム対応に失敗し，Aさんが引き継いだ。しかし，Bさんから，Aさんのクレーム対応が不十分との訴えがあり，心身ともに疲労が募る日々が3カ月続いた。その後，クレーム対応は解決し，Bさんとの関係も修復した。ところが，それまでと違い集中力・記憶力が落ち，約束事を忘れる，同じことを２，３回確認する，などのことを繰り返すようになった。

心配になったＡさんは精神科クリニックを受診し「以前の上長と同じような感じがする。うつ病，もしくは認知症じゃないか」と主治医に相談した。主治医は臨床心理士にアセスメントを依頼した。

問題 43（事例問題）

Ａさんの状態に関する次の記述のうち，最も適切なものの組み合わせを下のａ～ｅの中から一つ選びなさい。

Ａ．訴えの背景に器質的な問題があることを考慮する。
Ｂ．危機介入の一環として，配置換えを検討する。
Ｃ．以前の上長と今の自身の状況が重なり，不安が高まっている。
Ｄ．業務に支障が出ているので，休職が必要な状態である。

（組み合わせ）
ａ．Ａ　Ｂ
ｂ．Ａ　Ｃ
ｃ．Ａ　Ｄ
ｄ．Ｂ　Ｃ
ｅ．Ｂ　Ｄ

問題 44（事例問題）

Ａさんへのアセスメントに関する次の文章の空欄〔Ａ　Ｂ　Ｃ　Ｄ〕に該当する語句として，下のａ～ｅの組み合わせの中から，最も適切なものを一つ選びなさい。

主治医から臨床心理士に，認知機能の把握のために動作性課題を含む［ A ］，うつ状態の把握のために自己記入式の［ B ］の依頼があり，初診後に施行した。それらの結果をふまえて，新たにＡさんの業務に対する全般的な対処能力をみるために［ C ］を後日実施した。そして，Ａさんが自覚しているパーソナリティ像をアセスメントするために［ D ］を実施した。

（組み合わせ）

	A	B	C	D
a．	MMSE-J	HAM-D	WAIS-Ⅳ	SCT
b．	MMSE-J	CES-D	WMS-R	HTP
c．	MMSE-J	CES-D	WAIS-Ⅳ	SCT
d．	HDS-R	CES-D	WAIS-Ⅳ	SCT
e．	HDS-R	HAM-D	WMS-R	HTP

問題 45（事例問題）

アセスメントの結果として，記銘力・注意／集中に関しては大きな問題は認められなかった。そのことをＡさんに伝えたところ，Ａさんは「不安なので他の検査で再度，調べてもらえませんか？」と言った。

この際の臨床心理士の対応に関する次の記述のうち，最も適切なものの組み合わせを下のａ～ｅの中から一つ選びなさい。

A．検査結果に納得してもらえないので，他の機関を勧める。

B．Ａさんには問題がないことを改めて伝え，追加の検査は必要ないと伝える。

C．Ａさんが気になっている点を改めて確認し，検査結果を再検討する。

D．Ａさんが不安を感じる場面を改めて確認し，検査結果に基づいた対処法を検討する。

（組み合わせ）
ａ．Ａ　Ｂ
ｂ．Ａ　Ｃ
ｃ．Ｂ　Ｃ
ｄ．Ｂ　Ｄ
ｅ．Ｃ　Ｄ

問題 49

Rorschach, H. の『精神診断学』に関する次の記述のうち，正しいものの組み合わせを下のａ～ｅの中から一つ選びなさい。

A．ロールシャッハ・テストは，空想力の検査として考案された。
B．図版は，手に取って見てもらうことが原則である。
C．内向的体験型は，運動感覚的反応が優勢である。
D．一般に多く見られるのは，人間反応である。

（組み合わせ）
ａ．Ａ　Ｂ
ｂ．Ａ　Ｃ
ｃ．Ｂ　Ｃ
ｄ．Ｂ　Ｄ
ｅ．Ｃ　Ｄ

事例問題

次の事例を読んで，**問題51**から**問題53**の設問に答えなさい。〔問題52省略〕

【事例】

Ａさん（20歳代後半，男性）は，３カ月前に病死した父親との思い出を振り返り，心の整理をつけることを目的に私設臨床心理相談室に来談した。臨床心理士Ｂさんとの間で，週１回の面接が開始され，良好な面接関係が築かれていった。

面接開始から４カ月が経つ頃，Ｂさんは一身上の都合により，半年後に退職することになった。

問題51（事例問題）

退職が決まった段階における，臨床心理士ＢさんのＡさんへの対応に関する次の記述の中から，最も適切なものを一つ選びなさい。

ａ．Ａさんに不要な心配をかけないように，退職ギリギリまで待ってからその事実を伝える。

ｂ．自己都合でＡさんとの面接を終えることについて，Ｂさん自身に生じる感情を吟味する。

ｃ．退職はＢさんの私的な事情であるため，面接時間中は傾聴を優先し，面接時間終了間際にＡさんに退職を伝える。

ｄ．退職は仕方ないことなので，Ｂさんの都合をＡさんに理解してもらえるように説得する。

ｅ．引き継ぐ可能性も残しているが，Ｂさんの退職までの間に，Ａさんとの面接を終結することを目標に据える。

問題 53（事例問題）

臨床心理士Ｃさんが面接を引き継ぐことを許諾した後，ＢさんからＣさんに本面接の情報伝達が行われた。来談時の主訴や面接経過の様子，Ｂさんが見立てたＡさんの心理的課題，さらには「新しい先生はどんな人だろう」とＡさんが不安に感じていることなどが共有された。

この際の各臨床心理士の対応に関する次の記述のうち，適切なものの組み合わせを下のａ～ｅの中から一つ選びなさい。

Ａ．Ｂさんは，Ａさんに混乱を与えないために，これまでの面接方針を踏襲するようにＣさんに伝える。

Ｂ．Ｂさんは，「引き継ぎ後の関係を促進するために，Ａさんの希望があれば，事前に顔合わせをしてはどうですか」とＣさんに提案する。

Ｃ．Ｃさんは，Ａさんを安心させるために，自分はＢさんに劣らない実力があるとＡさんに印象づける工夫について考える。

Ｄ．Ｃさんは，引き継いだ情報がＡさんの認識とずれていないか確かめるために，今後Ａさんに直接確認することにする。

（組み合わせ）

ａ．Ａ　Ｂ
ｂ．Ａ　Ｃ
ｃ．Ａ　Ｄ
ｄ．Ｂ　Ｃ
ｅ．Ｂ　Ｄ

問題 58

心理療法の効果（outcome）の研究に関する次の記述のうち，適切なものの組み合わせを下のａ～ｅの中から一つ選びなさい。

A．心理療法の効果研究は，心理療法のプロセスのどこで，どのようなクライエントの変容が生じたのかを検証する目的で行われる。
B．複数の心理療法における介入効果の比較研究では，セラピストの盲検化が難しいので，効果の評価者において盲検化を行うことになる。
C．心理療法の技法の選択の違いが，心理療法の効果に影響を与えるという主張は，ドードー鳥の評定と呼ばれる。
D．心理療法面接での介入の有効性の研究では，ある介入を受けたクライエント群と，受けていない統制群とを比較することにより，介入の効果を検証する。

（組み合わせ）
ａ．A　B
ｂ．A　D
ｃ．B　C
ｄ．B　D
ｅ．C　D

事例問題

次の事例を読んで，**問題 62** から**問題 64** の設問に答えなさい。

【事例】

企業内の相談室に勤務する臨床心理士のところに，入社４年目のＡさん（女性）が来談した。「半年前に最初の配属先であった支店から，本社に異動となった。本社への異動は嬉しくはあったが，初めて法人営業をすることとなり，ノルマのプレッシャーは予想以上につらかった。何とか成績は残してはいるものの，最近では，家に帰っても仕事のことばかり考えてしまって夜もよく眠れず，日曜の午後になると憂うつな気持ちになり涙が出てくる。今日はとても忙しい業務の合間に，何とか時間を作って職場を抜けて来たため，今後も継続的に来談できるか，わからない」と話した。

問題 62（事例問題）

Ａさんとの面接の際に優先される対応に関する次の記述のうち，適切なものの組み合わせを下のａ～ｅの中から一つ選びなさい。

Ａ．家族の背景や生育歴，学歴などの背景要因について丁寧にきき，これらがどのように現在の問題につながっているのかを明らかにする。

Ｂ．現在起こっている心理面の問題を精査し，それが業務に対して具体的にどのような支障をおよぼしているのかを確認する。

Ｃ．現在の問題に関して，他者や支援機関への相談を含め，Ａさん自身が実施した対処について確認する。

Ｄ．共感的傾聴に徹し，話したいことをできるだけ話してもらい，安心してもらえるようにする。

（組み合わせ）

ａ．Ａ　Ｂ

ｂ．Ａ　Ｃ

ｃ．Ｂ　Ｃ

ｄ．Ｂ　Ｄ

ｅ．Ｃ　Ｄ

問題 63（事例問題）

さらに話を聴いてみると，Ａさんは次のように語った。「朝起きるのがつらいが，何とか出勤はできている。しかし，日中も眠気があって，仕事がうまく回っている感じがしない。同僚や上司も同じように大変なので，相談もしにくい。自分が甘えているのではないかと感じるし，実際に仕事のやり方が悪いとも思う。自分はこういう相談機関には縁がない人間だと思っていたため，相談室に来ることは受け入れがたかった。しかし，職場にメンタルヘルス不調で休職した先輩が何人かおり，その人たちと同じ状態になってしまうのではないかと不安になって来談した。」

今後の支援に有効となりうるＡさんの強み（ストレングス）はどれか。次の記述の中から，<u>最も適切なもの</u>を一つ選びなさい。

a．現在の状態が続いても，欠勤しないで仕事を続けていること。
b．同僚や上司に迷惑をかけないようにしていること。
c．自分の仕事のやり方について，冷静に分析できていること。
d．相談機関には縁がない人間だと思っていたこと。
e．来談には抵抗があったにもかかわらず，来談したこと。

問題 64（事例問題）

Ａさんは医療機関を受診し，主治医からの病気休業診断書が提出された。Ａさんは休業することを決め，臨床心理士との面接を行った。

この面接に関する次の記述の中から，<u>最も適切なもの</u>を一つ選びなさい。

a．安心して療養に専念してもらいたいので，体調回復のために仕事を休むことの必要性について伝える。
b．これまでの業務の振り返りと今後の営業手法の改善についての話をする。

c．今後の連絡方法，頻度，面接内容などについては，心理的な負担となるため，話題としないよう配慮する。

d．職場復帰後，スムーズに業務に取り組めるよう，ノルマのこなし方に関する本人の課題について話し合う。

e．本人の不安を増長させてしまう可能性があるので，休業の最長期間など，休業に関する就業上の規則などの情報提供はしない。

問題 65

対象関係論に関する次の記述のうち，正しいものの組み合わせを下のａ～ｅの中から一つ選びなさい。

A．対象関係論では，現実に存在する人物である対象とのかかわりの不全が精神病理につながるとして，相互の実際のやりとりを重視する技法を生み出した。

B．Klein, M. は，健康な悲哀反応とは異なる自我の貧困化した状態を「抑うつポジション」として概念化した。

C．Winnicott, D. W. は，乳児と環境としての母親との一体感を強調し，母親によるホールディングの意義を述べた。

D．イギリスの対象関係論は，Kernberg, O. F. による病態水準の考え方に影響を与えた。

（組み合わせ）

ａ．A　B

ｂ．A　D

ｃ．B　C

ｄ．B　D

ｅ．C　D

事例問題

次の事例を読んで，**問題66**から**問題68**の設問に答えなさい。

【事例】

Ａさん（30歳代前半，女性）は，心療内科の主治医から，対人関係でのストレスを臨床心理士と話し合ってみてはどうかと勧められ，紹介状をもって私設臨床心理相談室へとやってきた。

初回面接では，小学校高学年の頃からお腹のガスが漏れる不安と便秘に悩み，周りの人に与える不快感に怯えて過ごしてきたことを苦しそうに語り，「心理的な問題ならばカウンセリングでしっかり治したい」と話した。そして，「中学２年で半年あまり不登校になり，そのときは病院や相談機関に行くように母から強制され，病院で過敏性腸症候群だと診断された。でも登校できるようになると，父も母も何も問題はないかのようにふるまっていた」と静かに振り返った。

大学入学時から最近まで通ったクリニックの主治医からは，薬物療法と生活習慣の指導があり，症状は10年近く改善していた。しかし，結婚にともなう転居により仕事を辞め，クリニックも変更した後，最近は症状が悪化しており，今日は夫には言わずに相談室に来談したという。

問題66（事例問題）

初回面接におけるＡさんへの対応方針に関する次の記述の中から，最も適切なものを一つ選びなさい。

ａ．臨床心理面接にどのようなことを期待しているかについて明確になるように話し合い，その期待に応えられるか吟味する。

ｂ．慢性疾患患者には，葛藤に気づく心理的アプローチが有効であることを説明する。

ｃ．ロールシャッハ・テストを軸としたテスト・バッテリーを組んで，心理査定に導入する。

ｄ．臨床心理面接の効果は，身体症状の改善には限定的であるというインフォームド・コンセントを得る。

ｅ．医師からの紹介状があることを重視し，速やかに対人関係の問題に焦点づけた臨床心理面接に導入する。

問題 67（事例問題）

初回面接での臨床心理士の対応に関する次の記述のうち，適切なものの組み合わせを下のａ～ｅの中から一つ選びなさい。

Ａ．臨床心理士としては，Ａさんの症状よりも不安に焦点をしぼると伝え，ラポールの形成をはかる。

Ｂ．継続面接となった場合に面接料金を誰が支払うのか，経済状況を含めて確認をする。

Ｃ．症状に関連したストレスやネガティブな感情に目を向けることができるような介入を試み，Ａさんの反応をふまえて面接の方針を立てる。

Ｄ．症状の悪化に困っていること，また，症状にまつわる語りが多かったことをふまえ，症状の除去を第一目標として共有する。

（組み合わせ）

ａ．Ａ　Ｂ

ｂ．Ａ　Ｃ

ｃ．Ａ　Ｄ

ｄ．Ｂ　Ｃ

ｅ．Ｃ　Ｄ

問題 68（事例問題）

初回面接後，週１回の臨床心理面接が開始され，自律訓練法と対人関係ストレスについての話し合いが並行して行われた。いじめを受けた経験から周囲の反応を警戒して生きてきたこと，夫に気を許すことができず，本当は自分に関心がないのではないかと思っていることが語られる中，症状は徐々に軽快していった。

４カ月が経ったある日の面接にＡさんは現れず，終了時刻直後に「本当にすみません，忘れていました」と電話があった。臨床心理士は面接日時を改めて確認し，次週の面接を迎えた。

この面接における臨床心理士の対応に関する次の記述のうち，適切なものの組み合わせを下のａ～ｅの中から一つ選びなさい。

Ａ．キャンセルは，症状の改善により面接の必要性がなくなってきた肯定的なサインでもあり，面接終結も視野に入れた対応をする。

Ｂ．前回の面接について，Ａさんがどのようにとらえているのかを聴き取り，面接の進め方について話し合う。

Ｃ．キャンセルは，個人面接への無意識的な抵抗であると考え，夫との関係調整を目的とした合同面接に切り替えることを検討する。

Ｄ．「症状が軽快したので，私がＡさんへの関心を撤退させたのではないか，という不安や不信があるのではないでしょうか」と伝える。

（組み合わせ）

ａ．Ａ　Ｂ
ｂ．Ａ　Ｄ
ｃ．Ｂ　Ｃ
ｄ．Ｂ　Ｄ
ｅ．Ｃ　Ｄ

事例問題

次の事例を読んで，**問題 72** から**問題 74** の設問に答えなさい。

【事例】

小学校に勤務する学校臨床心理士（スクールカウンセラー）に，教育相談コーディネーターから，Ａさん（小学５年生，男子）について相談があった。最近のＡさんには，学級でそわそわした様子が見られ，気持ちに余裕がなくなると壁に頭を打ちつける姿も見られるとのことで，心理面の安定のために学校内の相談室でプレイセラピーなどのかかわりをしてほしいとの依頼であった。

その後，担任から得た情報によると，Ａさんは大人にかかわってもらうことがうれしいようで，学校内で自分のための時間や場を設けてもらえることを喜んだとのことである。一方で担任も，教室で余裕をなくしたＡさんにどう接してよいのか悩んでいる様子がうかがわれた。その後学校臨床心理士は，校長や教育相談コーディネーターから「Ａさんだけでなく，担任のこともよろしくお願いします」と折に触れて声をかけられている。

問題 72（事例問題）

Ａさんと何回か相談室で会っている中で，Ａさんは「教室の様子も見にきてよ。それと，休み時間も一緒に廊下の隅の空きスペースで遊ぼうよ。いいもの見せてあげる」と学校臨床心理士を誘うようになってきた。

面接の初期ならびに現在におけるＡさんへの対応に関する次の記述のうち，適切なものの組み合わせを下のａ～ｅの中から一つ選びなさい。

Ａ．授業中に面接を実施する際には，担任やＡさん本人に必要性を伝えたうえで，管理職や保護者にも了承・同意を得て実施する。

B．面接の実施については，Aさんの混乱が少なくなるように場所と時間を定め，それ以外の場所と時間では会わないようにする。

C．Aさんの教室での様子を理解するために，Aさんの所属学級での授業観察を行う。

D．学校現場においては，子どもとの関係促進のために，Aさんの求めに応じて，設けられた場所や時間以外でも自由に会う。

（組み合わせ）

a．A　B

b．A　C

c．A　D

d．B　C

e．C　D

問題 73（事例問題）

その後Aさんはプレイセラピーの中で，学校臨床心理士を刀で攻撃したり罵ったりするようになってきた。一方で学校臨床心理士は，Aさんとのプレイセラピーの中で，悲しくみじめな気持ちになることが増えてきた。また，Aさんは「お母さんなんて，きびしくて大嫌い！」と言うことが増えてきた。

この際の学校臨床心理士の対応に関する次の記述のうち，適切なものの組み合わせを下のａ～ｅの中から一つ選びなさい。

A．臨床心理士の内に湧く悲しさやみじめさについて，Aさんから投げ込まれた重要な非言語的表現として位置づけ，理解に努める。

B．面接の中で浮かんだ連想やAさんの感情に関する解釈を，Aさんが受け取れるような言葉で伝える。

C．Ａさんの示す攻撃性は，プレイの中での表現ではなく，被虐待児にみられるトラウマ体験の再現であるため，児童相談所に速やかに通告する。

D．母親に対する否定的な感情をＡさんが募らせないように「そんなことはないと思うよ。いいところもあるんじゃないかな？」と相対化を促す言葉かけを行う。

（組み合わせ）

ａ．Ａ　Ｂ

ｂ．Ａ　Ｃ

ｃ．Ｂ　Ｃ

ｄ．Ｂ　Ｄ

ｅ．Ｃ　Ｄ

問題 74（事例問題）

面接の経過とともに，担任が「Ａはどんな様子でしょうか」「このまま会ってもらい続けるのがよいのでしょうか」と尋ねてくることが増えてきた。

本事例における学校臨床心理士の対応に関する次の記述のうち，適切なものの組み合わせを下のａ～ｅの中から一つ選びなさい。

A．Ａさんへの対応に関する担任の悩みも聞きながら，面接の内容ではなく見立てについて情報共有を行う。

B．Ａさんを安心させるために「何があっても秘密は守るから，安心してね」と初回でＡさんに伝えておく。

C．長期的な心理療法が必要と思われる場合には，他の専門機関へのリファーを検討する。

D．Aさんとの関係を守り，Aさんが安心してプレイセラピーで表現できるようにするために，担任との情報共有は行わない。

（組み合わせ）

a．A　B

b．A　C

c．B　C

d．B　D

e．C　D

事例問題

次の事例を読んで，**問題 78** から**問題 80** の設問に答えなさい。

【事例】

企業に勤務するAさん（20 歳代後半，女性）は，一人暮らしをしながら総合職として働いている。X－1年3月より，新しい業務を任されるようになって，わからないことばかりだったが「他の人に迷惑をかけないように」と，資料を調べるなど一人で努力を続けていた。次第に仕事量も多くなり，残業時間も増えていった。

X－1年の秋頃から仕事への意欲がわかず，身体も重く感じるようになっていった。

X年3月に上司から，残業時間の多さを指摘されたときに涙が止まらなくなり，その上司に勧められ，X年4月に精神科を受診。抑うつ気分や食欲の減退などの症状を認め，中等度うつ病と診断されて抗うつ薬による薬物療法を開始し，同月より休職となった。

X年6月の診察時には，受診当初より抑うつ気分は多少和らいだ様子であった。復職を希望する一方で，仕事の話になると表情がくもり，「どうやったら残業が減らせるかわからない」と話す。主治医に認知行動療法を勧められ，本人も同意したため，臨床心理士がＡさんを担当することになった。主治医によると，他機関でカウンセリングを受けた経験があるとのこと。また現在は，ほとんど自宅にいて，横になってぼんやりと過ごしていることが多いそうである。

問題 78（事例問題）

初回面接で，アセスメントのための情報を得ることになった。

この際の臨床心理士の対応に関する次の記述のうち，適切なものの組み合わせを下のａ～ｅの中から一つ選びなさい。

Ａ．生育歴について尋ねる。
Ｂ．自動思考の根拠を尋ねる。
ｃ．他機関でのカウンセリング経験について尋ねる。
ｄ．下向き矢印法を用いて中核信念を特定する。

（組み合わせ）
ａ．Ａ　Ｂ
ｂ．Ａ　Ｃ
ｃ．Ｂ　Ｃ
ｄ．Ｂ　Ｄ
ｅ．Ｃ　Ｄ

問題 79（事例問題）

この時点で，Ａさんと認知行動療法を行う際に用いると考えられる技法について，適切なものの組み合わせを下のａ～ｅの中から一つ選びなさい。

Ａ．系統的脱感作法
Ｂ．行動活性化
Ｃ．曝露反応妨害法
Ｄ．問題解決法

（組み合わせ）
ａ．Ａ　Ｂ
ｂ．Ａ　Ｃ
ｃ．Ｂ　Ｃ
ｄ．Ｂ　Ｄ
ｅ．Ｃ　Ｄ

問題 80（事例問題）

Ａさんと認知行動療法を行うことで合意して，週１回の面接を継続していた。ある日のアジェンダは「『復職する』という目標をより細かいステップに分ける」であった。復職までの具体的なステップについて話し合っている途中，急にＡさんが小さな声で「このやり方ではうまくいかないと考えます」と言った。

この際の臨床心理士の対応に関する次の記述のうち，適切なものの組み合わせを下のａ～ｅの中から一つ選びなさい。

Ａ．「その考えはアジェンダに含まれていないので，今日の面接では扱えません」と伝える。
Ｂ．「その考えを肯定的に変えることを目指して，一緒に検討しましょう」と提案する。

C．「うまくいかないと考える理由について，教えてもらえますか」と尋ねる。

D．「その考えを伝えてくれてよかった」と返す。

（組み合わせ）

a．A　B

b．A　C

c．B　C

d．B　D

e．C　D

問題 87

被災者支援に関する次の記述のうち，正しいものの組み合わせを下のａ～ｅの中から一つ選びなさい。

A．被災した子どもの中には，幼児返りやわがままになる，分離不安やおねしょ，落ち着かないなどの病的な反応を呈する者があり，治療が必要である。

B．高齢者に対して，閉じこもりを防ぐために必要なこととして，できるだけ被災前の人的交流を保てるよう，外出の場や人と触れ合える場を提供することがあげられる。

C．被災者支援にあたる支援者は，自身が被災者であることも多く，自分の問題を先送りにして他の人を助ける立場になるため，支援者のこころのケアが必要となる。

D．サイコロジカル・ファーストエイドでは，出来事に対するその人の感情や反応を話すよう被災者に促すことが推奨されている。

（組み合わせ）

a．A　B

b．A　C

c．B　C

d．B　D

e．C　D

事例問題

次の事例を読んで，**問題 88** から**問題 89** の設問に答えなさい。

【事例】

中学校に勤務する学校臨床心理士（スクールカウンセラー）が，欠席が続いているＡさん（中学２年生，男子）のことで，担任から相談を受けた。Ａさんは成績もよく，順調に学校生活を送っているとみられていたが，２学期に入ってから欠席が多くなり，２カ月が経過しているとのことであった。

家族構成は，大手企業に勤務する父親，母親，弟の４人家族である。母親が，Ａさんのことを心配して，担任のところに頻回に相談に来ており，間接的ではあるが，担任はＡさんの様子を把握できていた。

Ａさんは，頑張り屋で，提出物なども期日通りに必ず提出する。試験前は，かなり遅くまで勉強している様子で，また，少しでもわからないところがあると，不安な様子で教員に質問に来ることがあった。成績はかなりよいので，不安な様子が意外に思えるほどであった。

「これまでのＡさんの様子からしても，欠席が続くことはもったいないように思うんです。学校に来れば元気な様子だから，休むのは本当にもったいない」と，担任は語った。

問題 88（事例問題）

担任からは「Ａさんのところに家庭訪問をしようと思っているのだが，どのようなことに気をつけたらよいか」と尋ねられた。

この際の担任へのコンサルテーションにおいて，学校臨床心理士が伝えることに関する次の記述のうち，最も適切なものの組み合わせを下のａ～ｅの中から一つ選びなさい。

Ａ．家庭での様子を把握する必要があることから，少しでもよいので本人の顔を見るように努めることが大切である。

Ｂ．抑うつ的な状態である可能性も考慮して，「気にかけ続けている」というメッセージを伝えることを目的として，短時間で訪問することが大切である。

Ｃ．学業面での気がかりが大きいことが考えられるので，授業の内容や課題のプリントを渡して学習課題とのつながりを継続することが大切である。

Ｄ．今どのような状況で生活しているのか，想像しながら訪問することが大切である。

（組み合わせ）

ａ．Ａ　Ｂ

ｂ．Ａ　Ｃ

ｃ．Ａ　Ｄ

ｄ．Ｂ　Ｃ

ｅ．Ｂ　Ｄ

問題 89（事例問題）

その後，担任に促された母親が学校臨床心理士の面接に来談した。初回の面接で，母親はかなり疲れた表情であり，「このところ，まったく登校しなくなり，夏休み頃から家でオンラインゲームばかりしている。新聞記事やインターネットを見ると，これはゲーム依存ではないかと考えている。どうにかなりませんか」と語った。

初回面接の際に学校臨床心理士が留意すべきことに関する次の記述のうち，最も適切なものの組み合わせを下のａ～ｅの中から一つ選びなさい。

Ａ．ゲーム依存への対応方法として，ゲーム依存の治療を行っている医療機関をすぐに受診するように，母親に伝える。

Ｂ．オンラインゲームが，外の世界につながる「心の窓」として機能している可能性に留意しながら，どのようなゲームを好んでいるのかなどについて話題にする。

Ｃ．生活にどの程度の支障が生じているのかを確かめるために，ゲームにどのくらいの時間を費やしているのかなどの情報を得る。

Ｄ．ゲーム依存とみなすことは母親の不安の表れであると考えられ，母親の不安に焦点を当てたカウンセリングを継続するという面接の枠組みを母親に提示する。

（組み合わせ）

ａ．Ａ　Ｂ

ｂ．Ａ　Ｃ

ｃ．Ａ　Ｄ

ｄ．Ｂ　Ｃ

ｅ．Ｂ　Ｄ

問題 91

障害者の雇用や就労支援に関する次の記述のうち，正しいものの組み合わせを下のａ～ｅの中から一つ選びなさい。

Ａ．障害者雇用促進法では，事業主に対して一定の割合以上で障害者を従業員として常時雇用することが，努力義務として定められている。

Ｂ．合理的配慮とは，事業主が，障害者が職場で働くために支障となるような施設や設備についてあらかじめ検討し，適切な配慮を行ったうえで障害者を採用することを指す。

Ｃ．就労移行支援事業とは，通常の事業所への就労を希望する障害者に対して，就労スキルの獲得から就職・職場への定着までのサポートを行う支援である。

Ｄ．通常の事業所での就労が困難な障害者に対する就労施設を，就労継続支援施設と呼び，雇用契約に基づく就労が可能な者を対象とするＡ型と，雇用契約に基づく就労が困難な者を対象とするＢ型がある。

（組み合わせ）

ａ．Ａ　Ｂ
ｂ．Ａ　Ｃ
ｃ．Ｂ　Ｃ
ｄ．Ｂ　Ｄ
ｅ．Ｃ　Ｄ

問題 95

非行を犯した未成年者の少年審判手続きにおける保護処分として，正しいものの組み合わせを下のａ～ｅの中から一つ選びなさい。

Ａ．少年院送致
Ｂ．家庭裁判所調査官による教育指導や心理支援
Ｃ．児童養護施設送致
Ｄ．検察官送致

（組み合わせ）
ａ．Ａ　Ｂ
ｂ．Ａ　Ｃ
ｃ．Ｂ　Ｃ
ｄ．Ｂ　Ｄ
ｅ．Ｃ　Ｄ

事例問題

次の事例を読んで，**問題 96** から**問題 99** の設問に答えなさい。〔問題 97，99 省略〕

【事例】

学校臨床心理士（スクールカウンセラー）が勤務する中学校において，Ａさん（中学２年生，男子）は，授業中に大きな声を出して授業を妨害したり，他の生徒に暴言を吐いたりすることがしばしばあり，教員が注意しても反抗的な態度を取って聞き入れようとせず，時には学校を抜け出して無断で帰宅してしまうこともあった。中学校ではＡさんの問題行動への対応に苦慮しており，指導方針について，学校臨床心理士も

交えて検討していた。

そのような状況が続く中，ある日Ａさんが，学校を抜け出して立ち寄ったコンビニエンスストアで万引きをし，店員にとがめられたために，暴力を振るって傷害を負わせてしまった。店内にいた客が警察に通報し，被害者である店員は頭に怪我をして病院に運ばれたとのことである。

問題 96（事例問題）

学校臨床心理士は，中学校の教員から，今後，Ａさんはどうなるのかと尋ねられた。Ａさんは中学２年生で，年齢は 13 歳か 14 歳であり，どちらの年齢であるかによって手続きが異なる。

Ａさんに対して今後とられる手続きに関する次の記述の中から，正しいものを一つ選びなさい。

a．13 歳であれば，ぐ犯少年であるので，警察官は児童相談所に通告するが，仮に被害者の怪我が重傷であった場合は，警察官は直接家庭裁判所に事件を送致する。

b．13 歳であれば，触法少年であるので，警察官は児童相談所に通告するが，仮に被害者が死亡した場合は，警察官はまず検察官に事件を送致し，検察官が家庭裁判所に事件を送致する。

c．14 歳であれば，犯罪少年であるので，警察官はまず検察官に事件を送致し，検察官が家庭裁判所に事件を送致する。

d．13 歳であれば，家庭裁判所の審判で少年院送致となる可能性はない。

e．14 歳であれば，家庭裁判所の審判で検察官送致となる可能性はない。

問題 98（事例問題）

この学校臨床心理士は高校にも勤務していた。その高校でＢさん（高校１年生）は，ゲームセンターで他の高校の生徒とトラブルになった際に，殴る蹴るの暴行を加えて傷害を負わせるという事件を起こした。傷害の程度は現時点では不明である。学校臨床心理士は，高校の教員から，今後，Ｂさんはどうなるのかと尋ねられた。Ｂさんは高校１年生で，年齢は 15 歳か 16 歳である。

Ｂさんに対して今後とられる手続きに関する次の記述の中から，正しいものを一つ選びなさい。

ａ．15 歳で，被害者の傷害の程度が軽かった場合は，警察官はぐ犯少年として児童相談所に通告する。

ｂ．15 歳でも 16 歳でも，警察官は検察官に事件を送致し，検察官が，被害者の傷害の程度が重いか否かによって，家庭裁判所に事件を送致するか，起訴するかを決める。

ｃ．15 歳でも 16 歳でも，審判の前に少年鑑別所で鑑別を受ける可能性がある。鑑別の結果は，家庭裁判所の審判の資料になり，審判後の指導にも活用される。

ｄ．16 歳で，仮に傷害を負わせた被害者が死亡した場合は，いわゆる原則逆送制度の対象となるので，家庭裁判所で審判を受けることはなく，地方裁判所で裁判を受けることになる。

ｅ．15 歳であれば，家庭裁判所の審判で検察官送致決定とするための要件を満たしていないので，仮に傷害を負わせた被害者が死亡した場合でも，検察官送致決定となる可能性はない。

令和４年度試験問題

問題２

認知発達に関する次の文章の空欄〔A　B　C　D〕に該当する語句として，下のａ～ｅの組み合わせの中から，最も適切なものを一つ選びなさい。

サリーとアンの課題は，人や動物に［ A ］が存在することを確認するための［ B ］として代表的な課題である。また，［ A ］の発達にとって発達早期における［ C ］の成立は，重要な役割を果たすことが指摘されており，［ D ］児では，［ C ］の成立に困難がみられることが指摘されている。

（組み合わせ）

	A	B	C	D
ａ．	心の理論	誤信念課題	共同注意	自閉スペクトラム症
ｂ．	心の理論	３つ山課題	保存の概念	注意欠如・多動症
ｃ．	心の理論	誤信念課題	保存の概念	自閉スペクトラム症
ｄ．	シェマ	３つ山課題	共同注意	注意欠如・多動症
ｅ．	シェマ	３つ山課題	共同注意	自閉スペクトラム症

問題5

推論に関する次の文章の空欄〔A　B　C　D〕に該当する語句として，下のa～eの組み合わせの中から，正しいものを一つ選びなさい。

推論とは，一連の前提から結論を導くことである。［ A ］は前提が正しい場合に，そこから論理的に正しい結論を導き出すのに対し，［ B ］は観察事象に基づいて原因や法則性を導き出すことを指す。日常の中で行う推論や判断は，必ずしも論理的なものとは限らない。多少不正確であっても，［ C ］と呼ばれる簡便な推論方略を用いる傾向がある。また，何らかの仮説を検証するような推論を行う場合には，［ D ］が生じることもよく知られている。

(組み合わせ)

	A	B	C	D
a.	演繹的推論	帰納的推論	ヒューリスティック	確証バイアス
b.	演繹的推論	帰納的推論	確証バイアス	ヒューリスティック
c.	帰納的推論	演繹的推論	ヒューリスティック	確証バイアス
d.	確証バイアス	ヒューリスティック	帰納的推論	演繹的推論
e.	帰納的推論	演繹的推論	確証バイアス	ヒューリスティック

問題9

Eysenck, H. J. のパーソナリティ理論に関する次の文章の空欄〔A　B　C　D〕に該当する語句として，下のa～eの組み合わせの中から，適切なものを一つ選びなさい。

Eysenck, H. J. は，パーソナリティが基本次元と生物学的基盤との階層構造をもつことを示した。その一番下の水準は，ある状況下で現れる［ A ］水準であり，その上に様々な状況下で現れる反応である［ B ］水準，その上の階層には同じ傾向の［ B ］が集まってできている［ C ］があるとした。さらに階層の一番上には多くの［ C ］が相互に関連しあって生み出される［ D ］があると考えた。

（組み合わせ）

	A	B	C	D
a．	習慣反応	特殊反応	類型	特性
b．	特殊反応	類型	習慣反応	特性
c．	特殊反応	習慣反応	特性	類型
d．	特性	類型	習慣反応	特殊反応
e．	類型	習慣反応	特性	特殊反応

問題 11

ストレス学説に関する次の文章の空欄〔A　B　C　D〕に該当する語句として，下のａ～ｅの組み合わせの中から，正しいものを一つ選びなさい。

Selye, H. によれば，ストレッサーへの暴露に対する急性ストレス反応が生じる［ A ］における抗ショック相では，ホルモン分泌が盛んになる。ホルモン分泌は視床下部と［ B ］により制御される。これらの部位を中心に構成される［ C ］と呼ばれる分泌調整ループを通して，副腎皮質からコルチゾールが分泌される。コルチゾールの分泌量は［ D ］により制御されている。

（組み合わせ）

	A	B	C	D
a．	警告反応期	下垂体	HPA 軸	ネガティブフィードバック
b．	抵抗期	下垂体	HPA 軸	ポジティブフィードバック
c．	警告反応期	下垂体	HPT 軸	ネガティブフィードバック
d．	抵抗期	扁桃体	HPT 軸	ポジティブフィードバック
e．	警告反応期	扁桃体	HPA 軸	ポジティブフィードバック

問題 12

質的研究法に関する次の記述の中から，正しいものを一つ選びなさい。

a．事例研究の目的は，事例の個性記述であり一般化ではない。
b．エスノグラフィーでは，ランダムサンプリングによりデータを収集する。
c．ナラティブ分析は，1枚のカードに一つの主題を書き出し，多数の情報からカテゴリーの抽出を行う。
d．グラウンデッド・セオリーは，あらかじめ定義したカテゴリーに基づいて分析を行う。
e．アクション・リサーチは，フィールドに参加し，働きかけを行う。

問題 16

社会的認知に関する次の記述のうち，適切なものの組み合わせを下の a～e の中から一つ選びなさい。

A．日常生活における対人認知は，アルゴリズム的な思考による。

B．対人認知の初期の過程では，ステレオタイプ的な認知が自動的に生起する。

C．観察者は，過度に外的な原因に帰属する根本帰属の誤りを犯しやすい。

D．Kelley, H. H. は，帰属の原因を人，実体，時間／状況の３つの次元であるとした。

（組み合わせ）

a．A　B

b．A　C

c．B　C

d．B　D

e．C　D

問題 19

自己理解の発達に関する次の記述のうち，正しいものの組み合わせを下のａ～ｅの中から一つ選びなさい。

A．身体的な自己感覚は，自己意識の基盤となる。

B．「照れ」は，自己意識に基づいた感情である。

C．生後６カ月頃，自分と他者が内的世界を共有することに気づく。

D．鏡像の自己認知は，１歳頃に成立する。

（組み合わせ）

a．A　B

b．A　C

c．B　C

d．B　D

e．C　D

事例問題

次の事例を読んで，**問題 23** から **問題 25** の設問に答えなさい。

【事例】

Aさん（25歳，女性）は大学卒業後，地方公務員として働いている。中学生の頃から頭痛と不眠が度々生じ，市販薬や内科で処方された鎮痛剤や睡眠薬を常用していた。就職後は，睡眠薬の過剰摂取で救急搬送されることが増加し，対応した救命救急医の勧めで精神科を受診した。初診では，「眠れない時にボーッとしていて，誤って飲み過ぎてしまう」「職場は上司にも同僚にも恵まれている。ストレスの自覚はない。なぜ，時々薬を飲み過ぎてしまうのか，自分でもわからない」と話した。主治医の指示により，臨床心理士は状態把握の目的でロールシャッハ・テストとP-Fスタディを実施した。以下はその結果の一部である。

【ロールシャッハ・テスト】

R＝24（Ⅰ～Ⅶ図版で各3反応，Ⅷ～Ⅹ図版で各1反応），F＝18（Ⅰ・Ⅳ～Ⅶ図版）でF＋％＝83％。MとCFのブレンド反応＝3（Ⅱ・Ⅲ図版）で形態水準は，すべて片口法では∓（包括システムではu），Pure C＝3（Ⅷ～Ⅹ図版）。P＝3でその内容は以下の通りである。

Ⅰ「頭，羽，身体。黄色い羽のチョウチョ」
Ⅴ「カラスアゲハ。頭，羽，身体。真青な羽のきれいなチョウチョ」
Ⅵ「動物の皮。頭，手，足，身体が黄金色だからキツネ」
【P-F スタディ】
GCR＝40
平均域（平均±SD）を超えるもの：E-A，E，E'，I'，m
平均域（平均±SD）：I-A，I
平均域（平均±SD）を下回るもの：M-A，M，M'，e，i
なお，結合スコア（組み合わせ評点）となった反応はない。

問題 23（事例問題）

Ａさんのロールシャッハ・テストの結果における感情特徴に関する次の文章の空欄〔Ａ Ｂ Ｃ Ｄ〕に該当する語句として，下のａ～ｅの組み合わせの中から，最も適切なものを一つ選びなさい。

感情を喚起する刺激に［ Ａ ］にかかわる傾向がある。怒りなど強い情動を喚起［ Ｂ ］状況では想像活動は活発となる。その際の認知の適切さは［ Ｃ ］する。さらに，［ Ｄ ］状況では感情統制がとれず，客観的認識が働かなくなる傾向にある。

（組み合わせ）

	Ａ	Ｂ	Ｃ	Ｄ
ａ．	積極的・接近的	される	向上	多様で複雑な刺激に晒される
ｂ．	消極的・回避的	される	低下	多様で複雑な刺激に晒される
ｃ．	消極的・回避的	されない	低下	抑うつ感情が喚起される
ｄ．	積極的・接近的	されない	向上	抑うつ感情が喚起される
ｅ．	消極的・回避的	される	向上	多様で複雑な刺激に晒される

問題 24（事例問題）

Aさんの P-F スタディの結果に関する次の記述の中から，最も適切なものを一つ選びなさい。

a．自責感情や罪悪感が強い。
b．他者に対して不満が言えず自己主張ができない。
c．他者に対して援助要請ができない。
d．自分で積極的に問題解決を行うがうまくいかない。
e．他者に対して寛容でありストレスを溜め込みやすい。

問題 25（事例問題）

ロールシャッハ・テストおよび P-F スタディの結果におけるAさんの症状出現や問題行動の背景要因に関する次の記述のうち，適切なものの組み合わせを下のａ～ｅの中から一つ選びなさい。

A．社会的協調性が低く，周囲と同じような認識や行動がしづらい。
B．主観的で，都合の悪いことは否認する傾向にある。
C．物事を過度に複雑にとらえやすい。
D．対人希求性は高く，他者依存的になりがちで，対人的な問題行動に発展しやすい。

（組み合わせ）
a．A　B
b．A　C
c．B　C
d．B　D
e．C　D

問題 26

内田クレペリン精神作業検査に関する次の文章の空欄〔Ａ　Ｂ　Ｃ　Ｄ〕に該当する語句として，下のａ～ｅの組み合わせの中から，正しいものを一つ選びなさい。

内田クレペリン精神作業検査における定型曲線の基本傾向は，前期は［　Ａ　］，後期は右下がりである。また後期は，前期よりも作業量が［　Ｂ　］する。最も作業量が多くなるのは［　Ｃ　］である。一方，不適応者の作業曲線によくみられる曲線の特徴を［　Ｄ　］という。

（組み合わせ）

	Ａ	Ｂ	Ｃ	Ｄ
ａ．	右上り	増加	後期１分目	非定型特徴
ｂ．	右上り	減少	前期１分目	非定型特徴
ｃ．	Ｕ字型	増加	後期１分目	不適応型特徴
ｄ．	右上り	減少	前期１分目	不適応型特徴
ｅ．	Ｕ字型	増加	後期１分目	非定型特徴

問題 27

うつ状態をアセスメントする構造化面接の方法として，次の記述の中から，正しいものを一つ選びなさい。

ａ．GRID Hamilton Depression Scale（GRID-HAMD）
ｂ．Yale-Brown Obsessive-Compulsive Scale（Y-BOCS）
ｃ．Positive and Negative Syndrome Scale（PANSS）
ｄ．Beck Depression Inventory（BDI）
ｅ．Zung Self-Rating Depression Scale（SDS）

問題 29

症状の評価に関する次の記述の中から，正しいものを一つ選びなさい。

a．MAS は，状態不安と特性不安を評価する。
b．CMI は，身体的項目と精神的項目から心身両面の症状を評価する。
c．BDI は，抑うつの認知的症状に注目した評価尺度である。
d．SCID は，うつ病の診断を明らかにすることを目的とする構造化面接のマニュアルである。
e．GHQ は，強迫観念・強迫行為の評価スケールである。

事例問題

次の事例を読んで，**問題 40** から**問題 42** の設問に答えなさい。

【事例】

小学１年生のＡさん（７歳，男子）は，入学当初から授業についていけず，ノートに落書きをする，ボーッと窓の外を見ている，などの様子が目立った。２学期に入り，担任教師に勧められ，母親とともに総合病院を受診した。耳鼻科，小児科などの精査を経て，特別な所見が認められなかったことから，Ａさんは発達障害専門外来を紹介され，臨床心理士がアセスメントを実施することになった。アセスメント面接では，母親からＡさんの初語が１歳半頃だったことや，幼稚園入園後も言語発達はゆっくりで，友だちもなかなかできなかったことが語られた。Ａさんは持参した漫画を読み続け，臨床心理士とは視線が合わなかったが，問いかけには短い言葉で返事をすることができた。

問題 40（事例問題）

Ａさんの年齢を考慮したうえで，自閉スペクトラム症の特性評価と，支援に役立つアセスメントツールとして，適切なものの組み合わせを下のａ～ｅの中から一つ選びなさい。

Ａ．PARS-TR
Ｂ．ADOS-2
Ｃ．M-CHAT
Ｄ．CAARS

（組み合わせ）
ａ．Ａ　Ｂ
ｂ．Ａ　Ｃ
ｃ．Ｂ　Ｃ
ｄ．Ｂ　Ｄ
ｅ．Ｃ　Ｄ

問題 41（事例問題）

全般的な知能水準を測定するために WISC-Ⅳを実施したところ，検査結果は以下のようになった。

FSIQ＝91，VCI＝80，PRI＝106，WMI＝94，PSI＝94

VCI＜PRI（5％水準で有意差。標準出現率 4.6％）

なお，各指標得点を構成する下位検査評価点間の差は大きくないものとする。

Ａさんの検査結果に関する次の記述のうち，正しいものの組み合わせを下のａ～ｅの中から一つ選びなさい。

A．FSIQ から，全般的に能力が高く，標準的に強い能力をもっているといえる。
B．指標得点のプロフィールから，自閉スペクトラム症の典型的なパターンといえる。
C．流動性推理を必要とする課題が，言語概念形成を必要とする課題より得意といえる。
D．指標得点間の差，個人内差の大きさは稀であるといえる。

（組み合わせ）
a．A　B
b．A　C
c．B　C
d．B　D
e．C　D

問題 42（事例問題）

WISC-Ⅳの検査結果の説明に関する次の記述のうち，適切なものの組み合わせを下のａ～ｅの中から一つ選びなさい。

A．保護者への検査結果のフィードバックに際し，検査用具を見せながら説明した。
B．保護者の要望に応え，合成得点，下位検査得点のプロフィールに類似した図を作成して手渡した。
C．主治医に詳細な検査結果を伝達するために，記入済みの記録用紙を複写して説明した。
D．保護者に誤解のないように伝えるため，パーセンタイル値，信頼区間，記述分類を併記した資料を提示した。

（組み合わせ）

a．A　B

b．A　C

c．A　D

d．B　C

e．C　D

問題 47

発達障害および認知特性に関する次の組み合わせの中から，適切なものを一つ選びなさい。

a．マインドブラインドネス —— 作業の見通しをつける能力

b．中枢性統合理論 —— 外からの情報を積極的に取り込む能力

c．実行機能 —— 計画を立てたり，行動を抑制する能力

d．ワーキングメモリー —— 認知作業に必要な記憶を長期記憶へ移行する能力

e．遅延報酬障害 —— 報酬に対する動機づけの低さ

問題 49

心理検査に関する次の記述のうち，正しいものの組み合わせを下のａ～ｅの中から一つ選びなさい。

A．被検査者の判断能力が著しく低下している場合には，保護者や後見人からも協力の同意を得ることが望ましい。

B．被検査者から心理検査の実施に関する同意が得られなかったとき，検査者は被検査者の意思にしたがう。

C．心理検査の結果から希死念慮や自殺企図の危険があると判断される場合には，関係者にただちに通知する。

D．心理検査のフィードバックは，被検査者の知る権利を考慮してなるべく多くのことをフィードバックする。

（組み合わせ）

a．A　B

b．A　C

c．B　C

d．B　D

e．C　D

問題 50

TAT に関する次の記述のうち，正しいものの組み合わせを下の a～e の中から一つ選びなさい。

A．刺激図版の中には攻撃性を刺激する描写があり，被検査者の攻撃欲動に関する問題を推定することができる。

B．攻撃性について記号化や集計を行う。

C．刺激図版には人物が描かれていないものが含まれる。

D．20 枚の図版の提示順は，変更できない。

（組み合わせ）

a．A　B

b．A　C

c．B　C

d．B　D

e．C　D

事例問題

次の事例を読んで，**問題 54** から**問題 56** の設問に答えなさい。

【事例】

児童養護施設に勤務する臨床心理士Ａさんは，Ｂさん（小学２年生，女子）に対するプレイセラピーを依頼された。

Ｂさんは，小学１年生のときに母親による養育困難の訴えがあったため，児童相談所の一時保護を経て里親の元で暮らすことになったが，里親に対して反抗的で，暴言を吐き，日常生活がままならないということで，一時保護を経て児童養護施設に措置変更となり，入所した。入所後も，主担当職員や施設でともに暮らす年下の児童に対して「死ね」「ウザ」などと鋭い口調で暴言を吐き，周囲は傷ついていた。一方でＢさん本人はケロッとした顔をしてべったりと身体接触をして甘えてくることもあり，周囲はどのような対応をすればよいのか戸惑う場面が多いとのことである。とりわけ主担当職員は，Ｂさんをかわいいと思えず，２人きりの場面が苦痛に感じられることが多いため，自責の念が強い様子である。

問題 54（事例問題）

臨床心理士ＡさんがＢさんをプレイセラピーに誘うと，Ｂさんは「ずっとＡさんと遊びたいと思ってたんだ」とウキウキした様子でＡさんの腕を抱え，プレイルームに入室した。「わー，素敵な部屋。こんなにオモチャがあるなんて最高」と終始笑顔のＢさんは，「Ａさんは何したい？」「いつもは何の遊びが好きなの？」「こんなのも，こんなのもあるね」とＡさんに問いかけ続け，自分から玩具に手を伸ばそうとはしなかった。

初回のプレイセラピーにおけるＢさんの見立てに関する次の記述のうち，適切なものの組み合わせを下のａ～ｅの中から一つ選びなさい。

Ａ．Ｂさんは，臨床心理士に対し過剰に適応的にふるまっており，脱抑制型の愛着障害傾向がうかがえる。

Ｂ．Ｂさんは，自らの責任において遊びを主体的に展開することを回避している。

Ｃ．Ｂさんの日常の暴言や問題行動は，友人や職員の不適切な対応から引き出されている。

Ｄ．プレイルームでの態度からみても，本来のＢさんは適応的な対人関係能力を有している。

（組み合わせ）

ａ．Ａ　Ｂ
ｂ．Ａ　Ｃ
ｃ．Ｂ　Ｃ
ｄ．Ｂ　Ｄ
ｅ．Ｃ　Ｄ

問題 55（事例問題）

週１回のプレイセラピーを重ねるうち，Ｂさんは次第にやりたいことを選び，集中して遊ぶようになった。

ある時，おままごと遊びを始めたＢさんはお母さん役になり，子ども役の臨床心理士Ａさんとぬいぐるみの妹にご飯を作った。初めは美味しいご飯をたっぷり用意し，「さあ，どうぞ」と優しい口調であったが，Ａさんがご飯をこぼしたことをきっかけにＢさんの表情は豹変し，「あんたみたいな子に食べさせるご飯はないよ」「さっさと外に行きなさい」とＡさんに怒鳴り，家から追い出した。一方でぬいぐるみの妹には「大丈夫よ」「たくさんお食べ」と猫撫で声で世話をする。Ａさんが「お腹すいたよ」「おうちに入りたいよ」と言っても鬼のような形相で無視をし，遊び続けるが，しばらくするとふと，「お部屋に帰る」「もうおしまい」と泣きそうな顔になり，終了時間前に無理やりプレイルームを出ようとする。

Ｂさんへの臨床心理士の対応に関する次の記述のうち，適切なものの組み合わせを下のａ～ｅの中から一つ選びなさい。

Ａ．プレイの内容は，母親との間で実際に体験した内容の再現であることをＢさんに確かめる必要がある。

Ｂ．退室要求に対しては，激しい攻撃性の表出により強い不安を感じているＢさんを受けとめ，プレイルームに留まれるよう働きかける。

Ｃ．プレイを続けるとＢさんが不安に対処しきれないため，すぐに担当職員に迎えにきてもらう方がよい。

Ｄ．受容的な母親と迫害的な母親という両価的な母親イメージがＢさんの中に存在しているととらえつつ，かかわる。

（組み合わせ）

a．A　B
b．A　C
c．A　D
d．B　D
e．C　D

問題 56（事例問題）

プレイセラピーを開始してから一年が過ぎ，Ｂさんは小学３年生になった。プレイセラピーの中では友人のことなど日常的な話題が増え，「友達と約束があるから」「担当と買い物に行きたいから」とセラピーをキャンセルすることも増えてきた。この頃には，Ｂさんと主担当職員はじめ周囲との関係が少しずつ良好になっていることがうかがえた。一方で，Ｂさんは臨床心理士Ａさんに「一緒にテレビの部屋でみんなと遊ぼうよ」「今度学校に見にきてよ」とプレイセラピーの時間外にもかかわってほしいと要求することも増えている。

Ｂさんへの臨床心理士の対応に関する次の記述の中から，最も適切なものを一つ選びなさい。

a．日常生活でＡさんがＢさんとかかわることの方が必要だと考え，プレイセラピーの終了を検討する。
b．これまでのプレイセラピーを継続しつつ，日常場面におけるＢさんとの接触をこれまで以上に行う。
c．Ｂさんが日常の人間関係に自然に移行できるよう，Ｂさんとのかかわりはプレイセラピーも含め最小限にする。
d．これまでのプレイセラピーを継続し，主担当職員とはＢさんの日常生活についてコンサルテーションを行う。

ｅ．プレイセラピーのキャンセルはなるべく避け，ペースを保つために担当職員にも協力を促す。

問題 57

臨床動作法に関する次の記述のうち，適切なものの組み合わせを下のａ～ｅの中から一つ選びなさい。

Ａ．臨床動作法の導入においては，日常生活の不調や困難の体験内容を十分に把握することが優先される。

Ｂ．臨床動作法の初期段階では，クライエントが動作課題を自分のための動作として取り組み，主体的，自発的，能動的な自己努力の体験が中心的な目標になる。

Ｃ．「動作体験」と同時に生じる不安感，焦燥感などの「ともなう体験」には，注意を向ける必要はない。

Ｄ．動作感への注目は往々にして，それにまつわる過去や現実のある出来事や，体験への連想や思いを呼び起こすことがあるが，臨床動作法ではそうした自己反省や過去の解明を重視するような対応はしない。

（組み合わせ）

ａ．Ａ　Ｂ
ｂ．Ａ　Ｃ
ｃ．Ａ　Ｄ
ｄ．Ｂ　Ｃ
ｅ．Ｂ　Ｄ

問題 65

フォーカシングにおけるフェルトセンスに関する次の記述のうち，適切なものの組み合わせを下のａ～ｅの中から一つ選びなさい。

Ａ．ぴったりな言葉やイメージが見つかると，フェルトセンスは流れ始める。

Ｂ．フェルトセンスを感じやすくするために，できるだけ問題の中に深く入って感じてみるように促す。

Ｃ．フェルトセンスは，からだの感覚であり，痛みなどの生理的身体感覚とは異なる。

Ｄ．フェルトセンスは，状況や問題を焦点化し，部分として体験されるという特徴をもつ。

（組み合わせ）

ａ．Ａ　Ｂ

ｂ．Ａ　Ｃ

ｃ．Ｂ　Ｃ

ｄ．Ｂ　Ｄ

ｅ．Ｃ　Ｄ

事例問題

次の事例を読んで，**問題 66** から**問題 68** の設問に答えなさい。

【事例】

会社員のＡさん（40 歳代，女性）は，不眠と気分が沈むという主訴で精神科を受診し，投薬治療を行っていたが，主治医（60 歳代，女性）の勧めで臨床心理士のいる私設相談機関に来所した。

問題 66（事例問題）

20 歳代の臨床心理士（女性）が心理面接を担当することになったが，初回面接でＡさんは「ずいぶんと若いのですね…。臨床心理士はもっと経験のある人かと思っていました」と失望とも怒りとも受け取れる表情を見せた。臨床心理士は内心かなり動揺を覚えたが，何とか気持ちを立て直し，面接を継続することにした。

この際の臨床心理士の対応に関する次の記述の中から，最も適切なものを一つ選びなさい。

ａ．経験が浅いことは事実なので，そのことをＡさんに正直に詫びる。
ｂ．臨床心理士も今複雑な思いを抱いているのだと，自身の気持ちを開示する。
ｃ．Ａさんの担当を，別の臨床心理士に交替するよう検討すると伝える。
ｄ．Ａさんに信頼してもらえるように，セラピストらしくふるまおうと努力する。
ｅ．Ａさんのがっかりした気持ちに触れ，話し合う。

問題 67（事例問題）

面接開始後２カ月を経た頃，Ａさんは「主治医と会うとなんとなく叱られているような気がして，気後れする」と訴え，最近診察には行っていないこと，服薬も中断していると語った。

この際の臨床心理士の対応に関する次の記述のうち，適切なものの組み合わせを下のａ～ｅの中から一つ選びなさい。

Ａ．主治医に優しく接してほしいというＡさんの思いを，主治医にそれとなく伝える。

B．Ａさんに，主治医と直接話し合ってみるように促す。
C．服薬は中断すべきではないことをＡさんに伝える。
D．Ａさんについて，主治医と話し合う機会をもつ。

（組み合わせ）
a．A　B
b．A　C
c．B　C
d．B　D
e．C　D

問題 68（事例問題）

Ａさんはさらに面接過程の中で，「幼少期からこれまで誰にも頼ることはなかった」と振り返り，「実は以前から夫との離婚を考えていた。夫に気持ちをわかってもらうことは難しいが，臨床心理士に間に入ってもらえば，きっとうまく話し合えるだろうと思う。夫もカウンセリングを受けたいと言っている」と夫を交えての面接を希望するようになった。

この際に優先される対応に関する次の記述の中から，最も適切なものを一つ選びなさい。

a．夫を入れて面接することはルール上できないとＡさんに伝える。
b．幼少期からの母親との関係や原家族について，もう少し詳しく話してほしいとＡさんに伝える。
c．臨床心理士がかかわると，話し合いがうまくいくと思う理由をきかせてほしいとＡさんに伝える。
d．適切な別の臨床心理士を夫に紹介する。

e．Ａさんの困り感を受けとめ，夫を交えて３人での面接の場を設定する。

問題 69

内観療法に関する次の記述のうち，適切なものの組み合わせを下のａ～ｅの中から一つ選びなさい。

Ａ．心理療法モデルには医学モデル，教育モデル，成熟モデル，自然モデルに分類されるという考えに則れば，内観療法は教育モデルといえる。

Ｂ．内観療法の３つのテーマとは，してもらったこと，お世話になったこと，迷惑をかけたことである。

Ｃ．内観療法では，必要に応じて，養育費の計算をテーマとすることがある。

Ｄ．内観療法では認知的・行動的変容だけでなく，全人的な自己省察による気づきに至る。

（組み合わせ）

ａ．Ａ　Ｂ

ｂ．Ａ　Ｃ

ｃ．Ｂ　Ｃ

ｄ．Ｂ　Ｄ

ｅ．Ｃ　Ｄ

事例問題

次の事例を読んで，**問題 78** から**問題 80** の設問に答えなさい。

【事例】

Ａさん（小学１年生，男子）を連れた母親が，臨床心理士のいる相談室に来談した。母親によると，Ａさんは思い通りにいかないと友だちを噛んだり叩いたり，気になる行動がみられることから，相談に行ってみてはどうかと担任に勧められたとのことであった。

初回面接では，Ａさんと母親それぞれに担当の臨床心理士がつき，各々の部屋に分かれて面接が実施されることになった。

母親面接では，小学校や家庭でのＡさんの様子が詳細に語られるとともに，母親はＡさんが５歳時に，Ａさんの父親と再婚した継母であることが話された。Ａさんの父親と実母はＡさんが２歳頃に離婚しており，父親が再婚するまでの３年間，Ａさんは児童養護施設に入所していたとのことであった。面接終了時間が近づき，臨床心理士が次回の来談を確認すると，母親は「今後は子どもの面接だけをお願いします」と申し出た。

問題 78（事例問題）

Ａさんは，待合室で母親と別れた後，担当の臨床心理士とともにプレイルームにスムーズに入室した。しかし，その表情は固く，緊張している様子がうかがえた。

子どもと初めて顔を合わせた際の臨床心理士の声かけに関する次の記述の中から，<u>最も適切なもの</u>を一つ選びなさい。

ａ.「このお部屋で一緒に楽しく遊ぼう」
ｂ.「このお部屋でのことは，お母さんには秘密にするね」
ｃ.「Ａさんは，どうしてここに連れてこられたと思う？」
ｄ.「こんにちは，臨床心理士の○○です」
ｅ.「ここでは自由に遊んでくれていいんだけど，物を壊してはいけません」

問題 79（事例問題）

Ａさんのプレイセラピーは継続となり，５回目のセッションの頃から，剣で切り合う遊びが展開した。初めの頃は，お互いの剣先をあて合う程度の“チャンバラ遊び”であったが，回を重ねるごとに激しさを増し，Ａさんは臨床心理士に向かって本気で切りつけてくるようになった。Ａさんの振り下ろした剣が臨床心理士の身体に当たり，臨床心理士は「痛い！」と思わず声をあげることがしばしば起こった。Ａさんは，臨床心理士が声をあげた瞬間は“はっ”としたように攻撃の手を緩めるのだが，またすぐに本気になり，Ａさんに滅多切りにされ臨床心理士が「やられた…」と倒れこんでも執拗に切りつけてきた。そして，動かなくなった臨床心理士の横で，Ａさんは放心状態となり立ち尽くす姿が見られるようになっていった。

この際の臨床心理士の対応に関する次の記述のうち，適切なものの組み合わせを下のａ～ｅの中から一つ選びなさい。

Ａ．攻撃性の発散は大切なことなので，臨床心理士はこの遊びを続ける覚悟をした。

Ｂ．臨床心理士は，Ａさんの攻撃から受けた痛みの意味について考えた。

Ｃ．Ａさんが自らの攻撃性に圧倒されていると判断し，この遊びを制止した。

Ｄ．放心しているＡさんの様子がおかしいので，面接を中断し，母親を呼びに行った。

（組み合わせ）

a．A　B

b．A　D

c．B　C

d．B　D

e．C　D

問題 80（事例問題）

面接を重ねるうちに，Ａさんの遊びはプレイルーム全体を使った遊びから，箱庭を使ってミニチュア同士を戦わせる遊びへと変化していった。

ある日，プレイルームに入室したＡさんは，箱庭に駆け寄り「今日はこれする」「砂を全部出すから，先生も手伝って」と砂箱の砂をバケツに出し始めた。時間をかけてすべての砂を出し終えると，Ａさんは空になった砂箱の中に水をたっぷりと入れ，イルカや魚を口の中に呑み込ませた大きなサメを投げ込んだ。さらに，「こっちはジャングル」と砂箱の枠の外のスペースに木や草を置き，木々の間から大型恐竜が砂箱をのぞきこんでいる構図を作った。Ａさんが「完成！」と目を輝かせたときに終了時間となり，Ａさんは「今度もこれ（箱庭）する！」と言い残し，部屋を飛び出していった。

本セッションのＡさんの表現をめぐる臨床心理士のとらえ方に関する次の記述の中から，最も適切なものを一つ選びなさい。

a．箱庭療法では水の使用は禁止されていることから，今後は砂箱の中に水を入れるのを止める必要があると考えた。

b．箱庭療法では砂が重要な意味をもつことから，砂を使用しなかった今回の表現は箱庭表現としてはとらえないようにした。

c．砂箱から砂を出す作業に時間がかかると遊ぶ時間が少なくなるため，次の面接ではあらかじめ砂を出しておこうと考えた。

d．プレイルーム全体の枠から箱庭の枠の中へと遊びが移行したことから，Ａさんが表現に不自由さを感じ始めているあらわれとしてとらえた。

e．砂箱の外の表現もＡさんの内的世界をあらわしていることから，枠外の表現も含めて箱庭表現としてとらえた。

事例問題

次の事例を読んで，**問題 84** から**問題 86** の設問に答えなさい。

【事例】

Ａさん（大学１年生，男性）の通う大学では，臨床心理士が学生相談室に勤務している。ここ数年，この大学では，入学後すぐに修学意欲が低下して授業を欠席しがちになり，その後，進路選択が近づいてくると休学・退学に至る学生が増えることが問題となっていた。そこで，今年度より，修学支援を目的とした学修支援室を新設し，また，キャリア支援については，就職キャリア支援センターを設置し，機能の拡充，整備を行った。なお，学修支援室および就職キャリア支援センターの相談員には臨床心理士はいない。

新年度を迎え，学修支援室には多くの新入生が訪れるようになり，上級学年の学生は就職キャリア支援センターを積極的に利用し始めた。また，学生相談室には修学上の問題や進路選択の問題を主訴として来談する学生が目立つようになってきた。

問題 84（事例問題）

学生相談室に修学上の問題について相談に訪れる学生への対応に関する次の記述のうち，正しいものの組み合わせを下のａ～ｅの中から一つ選びなさい。

Ａ．修学上の問題に関する相談は学修支援室で扱うことになっているので，学生相談室では対応せずに学修支援室を紹介する。

Ｂ．修学上の問題に関する相談の背後に発達的・心理的な課題が含まれている可能性に留意しつつ，相談を進める。

Ｃ．学生相談室と学修支援室の連携を強化するために，日頃から，学修支援室の相談員と情報交換や情報共有を行う機会を設ける。

Ｄ．学生相談室の面接室で語る内容の守秘を考慮して，教職員との連携は避ける。

（組み合わせ）

ａ．Ａ　Ｂ

ｂ．Ａ　Ｃ

ｃ．Ｂ　Ｃ

ｄ．Ｂ　Ｄ

ｅ．Ｃ　Ｄ

問題 85（事例問題）

ある日，新入生のＡさんが学生相談室に相談に訪れた。Ａさんはしばらくの沈黙の後，うつむきながら，言葉を絞り出すように次のように話し始めた。

「第一志望の大学に合格できず，自分が専攻したい学部ではなかったけど，合格したこの大学に仕方なく入学した。でも，授業はつまらないし，大学生活にもなじめないし…。もともと対人関係が苦手で，友だちができなかった。そのうちに気分が落ち込むことが多くなり，授業も欠席ばかりになってきて…」

入学期の学生への学生相談室の臨床心理士の対応に関する次の記述のうち，正しいものの組み合わせを下のａ～ｅの中から一つ選びなさい。

Ａ．相談の中で対人関係のどのような点が苦手であったのかについて取りあげながら，大学での友人関係の築き方への理解が深まるよう働きかける。

Ｂ．不本意入学による否定的な感情が気分の落ち込みの原因であると考えられるため，第一志望だった大学を再受験することを勧める。

Ｃ．入学初期には，新しい環境に不安や戸惑いを感じる学生が多いため，学生相談室が安心できる居場所になるようにする。

Ｄ．青年期の発達課題として，自分自身で問題を解決することが重要であるため，授業に出席して慣れることを課題にするように伝える。

（組み合わせ）
ａ．Ａ　Ｂ
ｂ．Ａ　Ｃ
ｃ．Ｂ　Ｃ
ｄ．Ｂ　Ｄ
ｅ．Ｃ　Ｄ

問題 86（事例問題）

Ａさんは学生相談室での相談を続けるうちに，気分の落ち込みが改善し，少しずつではあるが友人もでき始めたため，いったん相談を終了した。しかし，２年生の終わりの時期を迎え，３年次以降に所属する研究室を選択する時期になり，ひどく落ち込んだ様子で再び来室し，泣きながら次のように話した。

「自分は成績もよいわけではないし，何に向いているのかもわからない。そんな状態で研究室を決めても…。他の学生は様々な活動にチャレンジしているのに，自分は大学のことだけで精一杯だし…。こんな状態では研究室を決められないし，就職なんてできっこない…」

この際の臨床心理士の対応に関する次の記述のうち，適切なものの組み合わせを下のａ～ｅの中から一つ選びなさい。

Ａ．大学２～３年次は，入学後の当面の適応を経て，自分自身の内的課題を再吟味する時期であることを意識しながら相談を行う。

Ｂ．大学２～３年次は，学業成績など明確な評価としてあらわれない面において，内的な成長が進む時期であることを理解して相談を行う。

Ｃ．大学２～３年次は，進路選択や就職活動の準備を行う時期であるため，所属研究室の選択については，就職キャリア支援センターで相談するよう勧める。

Ｄ．大学２～３年次は，自分自身の課題に対して逃避せずに取り組むことが重要であるため，転学部や転学科，編入学を積極的に勧める。

(組み合わせ)

ａ．Ａ　Ｂ

ｂ．Ａ　Ｃ

ｃ．Ｂ　Ｃ

ｄ．Ｂ　Ｄ

ｅ．Ｃ　Ｄ

事例問題

次の事例を読んで，**問題 92** から**問題 93** の設問に答えなさい。

【事例】

津波による大規模災害から１年３カ月後，心のケアセンターの保健師がPTSDとうつのスクリーニングテストの得点が高かったＡさんの自宅を訪問したところ，津波の夢をみると一週間くらい眠れないとのことであった。そこで，心のケアセンターの臨床心理士が自宅を訪問して話を詳しく聴くことになった。「自宅は半壊であったが家族は無事であった。悪夢をみて眠れない，入浴ができない」との訴えがあったので，医療機関の受診を勧めたが，「外出ができないし，病院に行くほどではない」と拒まれた。

問題 92（事例問題）

Ａさんへの臨床心理士の対応に関する次の記述の中から，<u>最も適切なもの</u>を一つ選びなさい。

ａ．医療機関での継続的な心理面接を提案する。
ｂ．訪問による継続的な心理面接を提案する。
ｃ．チームの精神科医にその場で電話して指示を受ける。
ｄ．１カ月後に電話で受診希望を確認することを伝える。
ｅ．必要な場合には医療機関に電話をするように伝える。

問題 93（事例問題）

３カ月後，心のケアセンターで心理面接が開始されることになった。Ａさんは「いつも恐怖や不安がある」「前向きに考えられないのは自分が弱いからか」「余震があると恐怖で動悸・発汗してつらい」と語り，さらに「震災のことだけでなく，親のことも話したい。子どもの頃，母から叩かれていたことを思い出して，イライラして激しい怒りがわいたことがあった」と語り始めた。

Aさんの訴えとDSM-5における心的外傷後ストレス障害の診断基準に関する次の記述のうち，適切なものの組み合わせを下のa～eの中から一つ選びなさい。

A．「前向きに考えられない」は，『覚醒度と反応性の著しい変化』である。
B．「入浴できない」は，『回避』である。
C．「余震があると恐怖で動悸・発汗してつらい」は，『侵入』である。
D．「イライラして激しい怒りがわいたことがあった」は，『認知と気分の陰性変化』である。

（組み合わせ）
a．A　B
b．A　C
c．A　D
d．B　C
e．B　D

事例問題

次の事例を読んで，**問題97**から**問題99**の設問に答えなさい。

【事例】

深夜に，帰宅途中の男性が見知らぬ者たちに突然襲われ，頭を強打されたうえに殴る蹴るの暴行を受け，財布を奪われるという強盗致傷事件が起きた。警察の捜査の結果，Ａさん（19歳），Ｂさん（15歳），Ｃさん（13歳）の３人が事件にかかわっていることが判明した。

今回の強盗を計画したのはＡさんである。ＢさんはＡさんの出身中学の後輩であり，Ａさんと一緒にしばしば夜遊びをしている。ＣさんはＢさんの弟である。事件の場面では，ＡさんとＣさんが被害者に暴行を加えたが，Ｂさんは，自分は見ていただけで，暴行を加えてはいないと述べている。

なお，被害者は頭を強打されたことにより意識不明の重体であり，生命に重大な危険がある状態である。

問題 97（事例問題）

Ａさんの事件が家庭裁判所に送致されてからの手続きなどに関する次の記述のうち，正しいものの組み合わせを下のａ～ｅの中から一つ選びなさい。

Ａ．Ａさんは特定少年であるので，被害者が一命をとりとめた場合でも，この事件は原則逆送の対象である。

Ｂ．Ａさんは特定少年であるので，家庭裁判所に事件が送致された時点から，実名報道が許される。

Ｃ．Ａさんが少年院送致となった場合，在院中に20歳に達すると，その時点で少年刑務所に移ることになる。

Ｄ．この事件の場合，被害者などからの申し出があれば，Ａさんの審判を傍聴することが認められる可能性がある。

（組み合わせ）

a．A　B

b．A　C

c．A　D

d．B　C

e．C　D

問題 98（事例問題）

Ｂさんの事件が家庭裁判所に送致されてからの手続きに関する次の記述のうち，正しいものの組み合わせを下のａ～ｅの中から一つ選びなさい。

A．Ｂさんが観護措置をとられた場合，暴行への関与を否認しているので，事実認定のための証拠調べ等を行うために観護措置が２回以上更新され，最大８週間まで少年鑑別所に収容される可能性がある。

B．Ｂさんが審判で保護観察となった場合，期間は言い渡しの日から２年間である。

C．Ｂさんが保護観察となった場合に，保護観察中の遵守事項を守らず，保護観察所長の警告を受けてもなお遵守事項違反を続けると，少年院送致となる可能性がある。

D．被害者が死亡した場合で，かつ，Ｂさんが審判までに16歳に達している場合には，Ｂさんの事件は原則逆送の対象である。

（組み合わせ）

a．A　B
b．A　C
c．A　D
d．B　D
e．C　D

問題 99（事例問題）

Ｃさんに関する次の記述の中から，正しいものを一つ選びなさい。

a．Ｃさんは年齢的には触法少年であるが，被害者が死亡した場合には犯罪少年となる。
b．被害者が死亡した場合，警察はＣさんを逮捕・勾留することができる。
c．被害者が死亡した場合，警察はＣさんを児童相談所ではなく家庭裁判所に送致する。
d．Ｃさんが家庭裁判所の審判に付された場合，Ｃさんの年齢から，家庭裁判所は少年院送致の決定をすることはできない。
e．Ｃさんが家庭裁判所の審判に付された場合，Ｃさんの年齢から，家庭裁判所は検察官送致の決定をすることはできない。

問題 100

企業内の心理支援（従業員支援制度）に関する次の記述のうち，正しいものの組み合わせを下のａ～ｅの中から一つ選びなさい。

A．クライエントの問題が業務に影響する場合には，一般的な治療構造を逸脱して臨時の対応を検討する。

B．支援対象は，当該企業に勤務する従業員に限られる。

C．心理的問題に焦点をあてるだけでなく，業務遂行上の問題も視野に入れる。

D．組織のリスクマネジメントについて考慮する必要はない。

(組み合わせ)

a．A　B

b．A　C

c．B　C

d．B　D

e．C　D

II

公表試験問題の正答と解説

令和２年度試験問題の正答と解説

問題３……正答ｂ

乳幼児期の感情調整やそれに関連する行動について，親子や他児との関わりの中でとらえる視点を問う問題である。本問題で問われているような，親が子どものアタッチメント行動に気づいて感情調整を手伝うことで，子どもは再び探索行動に向かうことができるという一連の行動の流れの中でアタッチメントのタイプを理解することは，親子の支援や介入に有用である。

Ａ　正しい（○）。社会的参照は，乳幼児が自分だけでは意思決定や行動選択の判断がつかない状況において，行動を決定する手掛かりとして，養育者等の表情や態度を参照する行動である。したがって，サイレンの音に不安を感じて母親の顔を見た乳児の行動は，社会的参照である。

Ｂ　誤り（×）。シャベルを使えずに，泣きながら母親のところに戻ってきた子どもの行動は，苦痛や不安を感じたときに大人へ向けて慰めを求める行動であり，探索行動ではなくアタッチメント行動である。

Ｃ　正しい（○）。「大丈夫？」と声をかけた４歳の子どもの行動は，２歳の子どもの感情に気づいてそれを慰める行動である。このように他者の否定的感情を感じてその相手を援助する行動を，向社会的行動という。

Ｄ　誤り（×）。母親に抱っこされた後に砂場に戻って行った子どもの行動は，回避行動ではなく探索行動である。苦痛などの感情が，養育者によって調整され落ち着くと，子どもは環境への探索行動に戻ることができる。

以上の理由から，

ａ，ｃ，ｄ，ｅは誤りで，正答は　ｂ　となる。

問題４……正答ａ

子どものアタッチメントタイプと親の養育行動との関連についての問題であり，子どもとその親の支援に携わる上で理解しておくべき大切な視点である。

ａ　**正しい（○）**。子どもが探索行動をしているときには，離れて見守ることが，子どもの安定したアタッチメント表象の発達を促進する。

ｂ　**誤り（×）**。救急車のサイレンの音に不安を感じて，顔を上げて母親を見た子どもに対して，「救急車が行ったね，大丈夫だよ」と声をかけて子どもの不安を和らげることは，安定型アタッチメントの発達につながる行動である。

ｃ　**誤り（×）**。シャベルを取られて泣いている子どもの側に行って慰めることをせずに様子を見るという母親の行動は，子どもが自分から助けを求めるのか，それとも自分の力で乗り越えるのかを見守る意味もあり，子どもの自発的な援助を求める行動を待つという意味を持つ。これは安定型アタッチメント表象の発達につながりうる行動であり，回避型アタッチメント表象を発達させるものではない。

ｄ　**誤り（×）**。泣きながら母親の元に戻ってきた子どもを抱き上げるのは，不安を感じて助けを求めれば，それを受け止め不安を和らげてもらえるという安定型アタッチメント表象の発達につながる行動であり，アンビバレント型のアタッチメント表象にはつながらない。

e　**誤り（×）。**「シャベルを使いたかったのね，残念だったね」と子どもに声をかけるのは，子どもの悔しさを受け止め，感情の立て直しを助ける行動であり，安定型アタッチメント表象の発達を促進する。無秩序型ではない。

以上の理由から，

b，c，d，eは誤りで，正答は　a　となる。

問題５……正答e

記憶に関する基本的な知識を問う問題である。記銘→保持→想起（再生，再認，再構成）という記憶の３つの過程，感覚記憶→短期記憶→長期記憶という記憶保持時間に基づく記憶の分類と特徴，長期記憶はエピソード記憶と意味記憶を含む陳述記憶と技能学習を含む非陳述記憶に分類されること，さらに忘却に関する現象などについて正確な知識を有することは，健忘や認知症など記憶障害が絡む心理療法に携わる場合には不可欠である。

a　**誤り（×）。**「忘却」が誤りで，正しくは「想起（再生，再認，再構成）」となる。忘却については，学習理論の視点からエビングハウスの忘却曲線を背景とした記憶痕跡の減衰説や，精神分析の視点からはフロイトの抑圧説などがある。忘却は記憶したことを取り出せなくなることを意味し，記憶過程には含まれない。

b　**誤り（×）。**感覚情報保持時間は「１分程度」ではなく，「約１秒以内」が正解である。感覚器官には外界からの刺激により多くの情報が入り込み，ごく短時間だけ感覚に留まるが，刺激がなくなると約１秒以内に情報は消えてしまう。

c　**誤り（×）。**「親近性効果」ではなく，「初頭効果」が正解である。短期記憶における系列位置効果には，呈示された刺激リストの初頭部の再生成績が良い「初頭効果」と，リストの終末部の再生成績が良い「親近（性）効果」がある。

d　誤り（×）。「エピソード記憶」ではなく「意味記憶」が正解である。「意味記憶」と「エピソード記憶」はともに言葉で示される記憶（陳述記憶）であるが，これは言語や概念などに関する一般的知識（例：りんご）に関する意味記憶と，個人的な生活上の出来事に関するエピソード記憶とに大別される。

e　正しい（○）。新たな学習が，古い記憶の定着を妨害することを逆向抑制，古い記憶情報が，新しい学習による記憶の定着を妨害することを順向抑制と呼ぶ。

以上の理由から，

a，b，c，dは誤りで，正答は　e　となる。

問題８……正答 e

心身のストレス反応の低減などを目的とした体系的な介入技法がストレスマネジメントである。ストレスによって引き起こされる情動反応，またそれによる身体反応に対して，さまざまなリラクセーション等を目的とした技法の有効性が示されている。それらの代表的な技法についての基本的知識を問う問題であり，知識としても臨床実践としても重要である。

A　誤り（×）。自律訓練法の特徴は，心理的側面と合わせて生理的側面が重視されていることである。訓練により，身体感覚への特有の受動的注意集中を通して，心身の変化や外界の諸現象に対する受動的態度を作っていくことが重要とされており，能動的注意集中ではない。

B　誤り（×）。漸進的筋弛緩法は，骨格筋の弛緩によるリラクセーション法で，まず身体の一部分から弛緩させ，次第に全身の筋肉すべてを弛緩させていく技法であり，全身の筋肉に対して一斉に弛緩を行うのではない。

C　正しい（○）。バイオフィードバック法は，自身の認知困難な生体反応を機器によって検出し，そのフィードバック信号を用いて自己の生体反応を制御する方法である。

D　**正しい（○）。**呼吸は自律系身体反応で唯一，体性神経系による制御も可能であり，また呼吸活動が心拍などの他の生理反応へ影響することから，呼吸法は不安・緊張を低減させてリラックス感を増す。また，心拍数の減少やリラックス感は，怒りや焦燥感を抑制することにもつながることが実証されている。

以上の理由から，

a，b，c，dは誤りで，正答は　e　となる。

問題 11……正答 e

1型糖尿病など慢性疾患を有する患者に対して，保健医療分野の臨床心理士は，自己管理教育と療養支援などの心理的支援を行うことが期待されている。本問題は，患者の病気に伴う精神的負担を軽減したり，自己管理の行動変容を促進するために，臨床心理士が初期段階で何をすべきかについての理解を問う問題である。

A　**誤り（×）。**家族の理解と協力を得ることはもちろん大切であるが，18歳という年齢を考慮すると，患者の血糖自己測定が優先されるべき課題である。そのためには，自立したセルフケア能力の獲得が最大の目標となり，セルフケアする力を獲得できるよう支援することが先決事項となる。よって，誤りである。

B　**誤り（×）。**血糖コントロールに関する心理教育は，日本糖尿病学会の「糖尿病診療ガイドライン 2019」において「推奨グレードB」で有効とされている。したがって，心理教育が有効に働くためには，「推奨グレードA」である糖尿病のセルフケア行動の変容ステージと糖尿病に伴う精神的負担のアセスメントが先行される必要がある。よって，誤りである。

C　**正しい（○）。**糖尿病は自覚症状に乏しいので，目標設定を視野に入れた動機づけ面接が有効となる。面接を通じて，糖尿病自己管理行動の変容に関する変容ステージがアセスメントでき，行動変容に向けた患者の準備性に沿った妥当な働きかけが可能となる。自身の病態と問題の認識ができてこそ，必要なセルフケア行動に向けての計画立案が可能になる。よって，正しい。

D　正しい（○）。糖尿病に伴う精神的負担を感じている患者は多い。精神的負担感の増加は血糖コントロールやインスリン投与のアドヒアランスの悪化と相関することがわかっている。そこで，Aさんの糖尿病に伴う精神的負担を評価することで，血糖コントロールおよび投与アドヒアランスがうまくいかない要因を理解し，適切な療養を可能にする心理的・行動科学的アプローチを最初に行う必要がある。よって，正しい。

以上の理由から，

a，b，c，dは誤りで，正答は　e　となる。

問題 14……正答 b

質的研究法について問う問題である。量的アプローチを用いた演繹的方法では分析が困難な，人，集団，文化などの複雑な対象の分析を行うために，主に帰納的方法を用いた研究方法を発展させてきた。質的研究法は，人や集団の包括的な理解のための理論的な手段を与えるものであり，臨床場面において，対象者の主観的世界を重視しつつ，客観的な分析を行うために，質的研究法に関する知識が求められる。

A　正しい（○）。エスノグラフィーは，調査対象となる集団に属する人々の日常生活に深く入り込むことによって，対象となる人々の信念，動機，行為などにアプローチするものである。

B　誤り（×）。グラウンデッド・セオリー・アプローチの目的は，切片化したデータをカテゴリーに統合することによって，データに基づいた理論を導出することであり，仮説を検証する方法ではない。よって，誤りである。

C　**正しい（○）**。ナラティブ分析は，対象者に，経験についてまとまりを持った「物語」として語ってもらい，それを分析する方法である。よって，正しい。

D　**誤り（×）**。KJ 法は多くのデータやアイデアを統合して，新たな発想や理論を生み出す方法であり，帰納的方法と言える。演繹的方法は，理論に基づいて仮説を立て，その検証を行うことである。したがって，誤りである。

以上の理由から，

a，c，d，eは誤りで，正答は　b　となる。

問題 16……正答 c

各発達期の基本的な理論について問う問題である。このような発達理論は，臨床心理士にとって基本的な知識であり，健康な発達の過程を理解する上で重要である。発達における定型のプロセスを理解することによって，クライエントの心理的問題の発生機序を客観的に把握する視点を得ることが可能となる。

A　**誤り（×）**。Erikson, E. H. のライフサイクル理論では，成人期（後期）の発達課題は「生殖性対停滞」とされている。生殖性は子孫を生み出すことだけでなく，生産性や創造性を示し，その対立課題は停滞である。したがって，誤りである。

B　**正しい（○）**。Parten, M. B. は子どもの社会的遊びを，①何もしていない行動 unoccupied behavior，②一人遊び solitary play，③傍観的行動 onlooker，④平行遊び parallel activity or play，⑤連合遊び associative play，⑥共同あるいは組織的遊び complementary organization or cooperative play に分類した。

C　**正しい（○）**。Hollingworth, L. S. は，青年期に身体発達や自己概念の形成によって，親から自立しようとすることを心理的離乳とよんだ。

D　**誤り（×）**。生後15〜18カ月から24カ月の幼児に，母親に対する親密さの欲求が生じ始め，分離不安が増大すると述べたのは，Mahler, M. S. であり，Freud, S. ではない。したがって，誤りである。

以上の理由から，

a，b，d，eは誤りで，正答は　c　となる。

問題18……正答a

コミュニティ心理学の主要なアプローチの一つであるコンサルテーションに関する問題である。本問題はコンサルテーション基本特性に関して尋ねるものであり，カウンセリングとの違いやスーパーヴィジョンとの違いも理解した上でコンサルテーションの基本用語である「コンサルタント」，「コンサルティ」を正しく理解しているか，そして，コンサルテーション関係の特徴を知っているかどうかを問うことをねらいとしている。

a　**正しい（○）**。コンサルテーションにおいて問題の責任の主体はコンサルティにある。そのため，コンサルティはコンサルタントの意見を主体的に取捨選択することができる。また，コンサルタントにとっても，一定の距離を持ってコンサルテーションを行うことができる。したがって，正しい。

b　**誤り（×）**。コンサルタントはコンサルティの置かれた状況や問題を客観的に見て指摘できること，コンサルティはコンサルタントの意見に服従するのではなく必要なところを取り入れることができること，この2点がコンサルテーション関係において重要である。直接の利害関係があるとこれらの成立が極めて困難となるため，利害関係のない者同士の間で行われなければならない。したがって，誤りである。

c　誤り（×）。コンサルテーション関係はコンサルタントとコンサルティの自由意志に基づいて行われるものであり，強制されたり命令されたりする関係ではない。したがって，誤りである。

d　誤り（×）。コンサルテーション関係は課題中心で成立する関係であり，コンサルティの個人的問題を解決する必要があると判断された場合，別の機会または別の専門家によるカウンセリング関係を紹介することが求められる。コンサルテーションとカウンセリングを同時に行うことはない。したがって，誤りである。

e　誤り（×）。コンサルテーション関係は違った職種の人間間で行われるものである。同一職種の間で行われるのはスーパーヴィジョンであり，両者の関係の違いを理解しておくことは，適切なコンサルテーションを行う上で重要である。

以上の理由から，

b，c，d，eは誤りで，正答は　a　となる。

問題 19……正答 c

集団間葛藤が増大する条件と，軽減する条件，それにかかわる要因の理解を問う設問である。集団間の葛藤が生じる要因について理解しておくことは，社会からさまざまな影響を受けて葛藤を抱える個人を理解し，臨床的支援を行う上で重要である。

a　誤り（×）。利害関係のない人々が便宜的一時的に２つに分けられた最小条件集団においても，内集団ひいき（内集団を外集団より好む傾向）が認められることが示されている。したがって，誤りである。

b　誤り（×）。集団間のメンバーが直接接触することで葛藤を軽減するという「接触仮説」は，集団間は対等な地位関係にあるということが前提となっている。したがって，従属関係のある集団メンバーでは葛藤は軽減されないため，誤りである。

c　**正しい（○）**。ジグソー法は，小集団が民族性の異なるメンバーで構成され，授業課題を達成するためには，民族性を越えて集団のメンバーが対等に協力し合わないと学習が成立しないという状況を作り出す学習法である。これにより参加者は自信を深め，民族性の異なる者同士が互いに好意を抱くようになることが報告されている。したがって，正答である。

d　**誤り（×）**。社会的カテゴリー化は，集団間の類似性の認知を増大させるのではなく，集団内の類似性の認知を増大させる。集団間については，むしろ差異が過大視されるため，誤りである。

e　**誤り（×）**。ステレオタイプは，ある社会的集団についての情報をカテゴリー化した認知的スキーマであり，非好意的な感情が加わったものではなく，認知的な要素のみを含むものといえる。したがって，誤りである。

以上の理由から，

a，b，d，eは誤りで，正答は　c　となる。

問題 26……正答 e

代表的な投映法の心理検査である TAT，SCT，P-F スタディ，バウムテストについて，その施行法や，その結果にどのようなことが反映されるのか，各検査に現れる被検者の特徴や，各検査の投影水準について理解しているかどうかを問うものである。

A　**誤り（×）**。P-F スタディは欲求不満の分析を行うのであり，欲求 - 圧力分析を行うのは TAT である。

B　**誤り（×）**。分析については質的分析をすることが多いが，物語の内容を，防衛機制や対象関係の観点から評定し数量化している場合もある。

C　**正しい（○）**。SCT は投影水準が浅く，無意識的な内容や病理よりは，被検者の意識している自己概念や対人関係認知を理解するのに適している。

D　正しい（○）。精神病者はバウムテストにおいてしばしば特徴的な樹木を描く。「メビウスの木」と呼ばれている描画はその一つの例である。

以上の理由から，

a，b，c，dは誤りで，正答は　e　となる。

問題27……正答d

ロールシャッハ法において測定される運動反応や色彩反応，公共反応，形態水準などの基本的なことを理解しているかどうかを問う問題である。

a　誤り（×）。Ⅰ図版の平凡反応（公共反応）は「全体でコウモリ」あるいは「全体でチョウ」である。トリは平凡反応ではない。

b　誤り（×）。「２匹の犬がじゃれあっている」というのは動物の運動であるのでFMとスコアするのが正しい。「じゃれあっている」は犬の動作として普通である。動物が人間的な動きをしている場合には，対象が動物でもM（人間運動反応）がスコアされる。

c　誤り（×）。Ⅳ図版は無彩色図版であるので，色彩反応であるFCはスコアできない。この場合には色彩投影反応（FCp）がスコアされる。片口法ではFCpが決定因としてスコアされ，包括システムでは特殊スコアにCPがコードされ，決定因にFCはコードされない。

d　正しい（○）。運動の主体は「天使」であり，現実には存在しないものであるが，その動きは「手をつないで踊っている」と人間様の動作である。このような場合にはM（人間運動反応）をスコアする。

e．誤り（×）。Ⅸ図版全体を人の顔とみる反応は，あまり一般的ではなく，形態水準はあまり良好とは言えない。包括システムにおい

ても Ⅸ 図版全体で「人の顔」とみる場合は，形態水準はマイナスと評定されるので，形態水準は良好ではない。また，境界性パーソナリティを有している被検者は図版全体を漠然と顔と見る反応をしばしば示し，これは原始的防衛機制（病理）のあらわれの一つと見られている。

以上の理由から，

a，b，c，e は誤りで，正答は　d　となる。

問題 28……正答 c

P-F スタディは心理臨床の現場でよく用いられる心理検査である。P-F スタディの形式分析は指標の数値に着目して解釈を行うものであるが，GCR や反応転移の値を断片的に取り上げるべきではない。P-F スタディのフラストレーション場面の特徴や，各指標間の相互関係などを考慮しながら総合的に解釈することが重要である。臨床心理士には，これらの知識や解釈の視点を有することが求められている。

A　**GCR（Group Conformity Rating）**。健常な集団サンプルから得られた標準的な反応と被検査者の反応との一致度を算出した値であり，集団順応度あるいは集団一致度とも呼ばれている。

B　**超自我阻害**。フラストレーションの原因が自己にあって他者から非難や叱責を受けている場面は，超自我（良心）が阻害されて欲求不満を招いた場面と設定されている。

C　**自我阻害**。他者または非人為的な障害が原因となってフラストレーションが起きている場面は，直接的に自我が阻害されて欲求不満を引き起こしている場面と設定されている。

D　**反応転移**。被検査者の検査の前半 12 場面と後半 12 場面の反応を比較して，被検査者の心構えの変化をとらえようとする指標である。

以上の理由から，

a，b，d，eは誤りで，正答は　c　となる。

問題 29……正答 b

MMPIは比較的多くの医療保健領域で使用されている心理検査である。MMPIの解釈に関する基礎的知識は，臨床心理査定において必要なものである。妥当性尺度・臨床尺度の布置，２点コードなどに基づくクライエントの理解を問うている。

a　誤り（×）。妥当性尺度が下降型であることから，心理的苦痛はそれほど強くないものの，自信が持てない様子がうかがわれる。

b　正しい（○）。２点コード（27/72）から，緊張，抑うつ，不安，自信のなさ，神経の過敏さなどの特徴が読み取れる。

c　誤り（×）。第６尺度，第８尺度が平均的であり，第７尺度が高いことから，現実検討力の低下は顕著ではない。

d　誤り（×）。第１尺度，第３尺度が平均的であり，第２尺度が高いことから，身体化の特徴は読み取ることができない。

e　誤り（×）。第５尺度が低いことから，女性的役割を自認している傾向が読み取れる。

以上の理由から，

a，c，d，eは誤りで，正答は　b　となる。

問題 30……正答 a

ロールシャッハ法は医療現場において頻繁に使用されている心理検査である。ここで問われている解釈に関する知識は，ロールシャッハ法の形式分析に関するもので構成されており，臨床心理査定を行う上で重要なものである。

a　正しい（○）。W：Mの値が5：1を超えていることから，自身の能力以上の要求水準の高さが推察できる。

b　誤り（×）。W%とDd%が平均以上であることから，D%が低下しており，具体的，現実的，日常的なものの見方は読み取れない。

c　誤り（×）。片口法ではH%＝25%であり，包括システムでも人間に関する反応H＋Hd＋(H)＋(Hd)が全反応40個中13個あり，これは少なくない。平均的か平均よりやや多いくらいである。人間反応がある程度認められるので，人に対しての興味・関心が低いとは言えない。

d　誤り（×）。Content Rangeが平均以下であるが，体験型が顕在的，潜在的ともに左辺が大であることから，感受性の乏しさや内面世界の空虚さは読み取れない。

e　誤り（×）。Mは平均よりも多いものの，A%がやや高く，Content Rangeが平均以下であることから，興味・関心の幅が狭く，観念内容が限定的であることが推察できる。

以上の理由から，

b，c，d，eは誤りで，正答は　a　となる。

問題31……正答d

医療保健領域においては，質問紙法と投映法のテストバッテリーを使用することが多い。心理検査を組み合わせることで，個々の心理検査からは理解できないクライエントの側面を総合的に理解することが可能になる。これらの知識は，臨床心理査定において臨床心理士に必要なものである。

A　誤り（×）。MMPIの第２尺度の上昇から抑うつ気分は推察できる。しかし，ロールシャッハ法のF＋%，ΣF＋%の値が低下していないことから「精神活動や現実検討力の低下」は読み取れない。

B　正しい（○）。MMPIの第７尺度の上昇から，劣等感や不確実感，自己批判的な態度が推測できる。加えて，ロールシャッハ法のRが平均範囲内で，Dd%が高いことから，非本質的で些細なことへのこだわり，完全主義的な傾向が推察できる。

C　誤り（×）。MMPIの第7尺度の上昇，ロールシャッハ法のPが平均範囲内であることから，規律正しく常識的な側面が読み取れる。しかし，M>FMであり，FC：CF+Cは両辺とも少ないが左辺が大で，F%がやや上昇していること，R_1T（Av.）は平均範囲内であり過剰な統制が推察できることから，「衝動を統制することが困難」という点は見いだせない。

D　正しい（○）。MMPIの2点コードから，不安，憂うつの強さが推測できる。ロールシャッハ法のF%およびF+%の上昇，FC：CF+Cの比率，体験型も左辺が大であることから，感情の抑制と知的統制の強さが推察できる。

以上の理由から，

a，b，c，eは誤りで，正答は　d　となる。

問題33……正答d

子どもは，取り巻く環境の中で生きている。そのため，子どもの臨床心理アセスメントでは，子ども本人との面接や心理検査・観察から得られる情報と，周囲の環境（保護者や関係者）から得られる情報を合わせて考える必要がある。そのため，子どもの心理・発達相談では，親面接がとても重要な意味を持つ。子どもの臨床心理アセスメントに携わることの多い臨床心理士として，親面接に臨む際の基本姿勢については，最低限押さえておく必要がある。

A　誤り（×）。初回面接では，アセスメントのための情報を集めることは重要なことであるが，臨床心理士が主導となり，聞きたいことを聞いていく「事情聴取」のような面接にならないように気を付ける必要がある。相談申込票を手がかりとしつつ，クライエントの話しやすい順に語ってもらいながら，アセスメントを進めていくような工夫が必要である。

B　正しい（○）。子どもの心配事で来談した親からは，子どもの問題行動やできないことといった困りごとが中心に語られがちである。しかし，子どもの特徴や現在の状態を把握するためにも，肯定的な側面についても聞き取ることが必要である。そのことによって，子どもの全体像が捉えられ，適切な支援につながる手がかりを得ることができると考えられる。

C　**誤り（×）**。面接の中では，必要に応じてメモを取る場面もあろうが，メモを取ることに集中してしまえば，目の前のクライエント（親）との関係性がおろそかになってしまうことから，最低限に抑えるべきである。

D　**正しい（○）**。親からの情報を手がかりとして，子どもに関するアセスメントを行いつつ，面接中の親の態度や話から，親の子どもへの接し方，考えや思いを聴きとり，親のアセスメントを行うことが必要になる。子と親のアセスメントを同時に進めることで，子どもに必要な支援と，親が実行できる支援を考えることができる。

以上の理由から，

a，b，c，eは誤りで，正答は　d　となる。

問題 34……正答 a

臨床心理士は，子どものアセスメントの一助として検査を実施することが多い。新版Ｋ式発達検査 2001 は，子どもの代表的な発達検査として用いられていることから，検査の基本的な枠組みについては最低限押さえておく必要がある。

a　**正しい（○）**。新版Ｋ式発達検査では，子どもの全体像を把握し支援につなげるために，記録用紙には子どもの反応や態度をできるだけ詳しく記載しておくことが望ましいとされている。なお，検査用紙の記録をみれば，子どもの様子や検査への反応などの全過程が再現できることが理想とされている。

b　**誤り（×）**。新版Ｋ式発達検査の記録は，通過（＋），不通過

（−），聴取（R）といった記号を用いて行い，基準をクリアしたかどうかを判断する。

c　**誤り（×）**。新版Ｋ式発達検査では，０歳児の項目（１葉・２葉）は検査順序が決まっているが，３葉以降の項目に関しては施行順序が定められておらず，検査者が子どもの状態に合わせて臨機応変に行うことが求められる。Ａさんの発達年齢は５歳であることから，３葉以上の発達検査用紙を用いることが予想される。

d　**誤り（×）**。検査中に観察できなかった反応については聴取を行うが，できるだけ聴取には頼らないようにすべきで，聴取による判定で発達指数を決定することは避けるべきである。

e　**誤り（×）**。新版Ｋ式発達検査は，１葉と２葉を除き施行順序は決められてはいないものの，設定された検査項目は構造化されており，自由遊びのような非構造の行動観察ではない。

以上の理由から，

b，c，d，eは誤りで，正答は　a　となる。

問題 35……正答 c

新版Ｋ式発達検査の結果の見方についての基本的問題である。新版Ｋ式発達検査は発達指数や発達年齢を算出することができるが，その数値だけで発達レベルを判断するような用い方は避け，検査結果の上限下限にも注目する必要がある。

A　**誤り（×）**。心理アセスメントでは，検査結果の指数だけ取り上げ，発達・知的レベルを判断するような用い方は避けるべきである。指数はあくまでも実年齢と発達年齢の比率である。本事例の検査結果表を見ると，全領域の発達指数は平均より下であるが，認知・適応領域は７：0〜８：０と生活年齢を上回っていることから，単純にＡさんの発達に遅れがあるとは言えず，慎重に吟味する必要がある。

B　**正しい（○）**。発達指数＝発達年齢÷生活年齢×100（小数点以下は四捨五入）で求める。Aさんの生活年齢は71月，生活年齢は57月であることから，57÷71×100＝80となる。

C　**正しい（○）**。どの領域においても上限と下限の間には差があるが，その平均値としての認知・適応領域の発達年齢は5歳7カ月（発達指数94），言語・社会領域の発達年齢は4歳2カ月（発達指数70）であるため，認知・適応領域項目を遂行する力の方が，言語・社会領域項目を遂行する力より優れていると言える。

D　**誤り（×）**。新版K式発達検査では，検査用紙上で，各行ごとの通過から不通過へ移り変わる境目を示す線となるプロフィールを引く。Aさんの検査結果では，各領域の上限と下限の差にかなりの幅があることから，検査用紙上のプロフィールには凸凹があることは容易に想像できる。

以上の理由から，

a，b，d，eは誤りで，正答は　c　となる。

問題39……正答b

ロールシャッハ・テストや知能検査の学習と同様に，TATについても図版を使用した被検者や検査者体験を通して学習を深めてほしい。一度でも図版に触れるなら，人物の描かれた図版1や20，空白図版（白紙図版）は印象に残るであろう。Murray, H. A. の方法の生き残ったところ（絵を見て物語を作る）と継承されなかったところ（Murray, H. A. の仮説）に，TATの抱える問題の原点があることを理解してほしい。

A　**「空白図版」**。ハーバード版の空白図版は1枚である。

B　**「日常性」**。人物が描かれることで，程度の差はあるが，日常性が暗黙の了解となっている。

C　**「3」**。人間のまったく描かれていない図版は3枚である。

D　**「投影」**。Murray, H. A. の仮説は，被検者の語る内容は無意識的衝動・願望の投影の産物であるというものである。

以上の理由から，

a，c，d，eは誤りで，正答は　b　となる。

問題40……正答a

a　正しい（○）。被検査者は，図版の人物を女性と認知し，失恋という状況を思いついた。この反応は，被検査者の価値観をあらわしているというよりも，被検査者の女性観を表していると言うべきだろう。

b　誤り（×）。人物を女性とみる人は，男女を問わず日米の研究資料では90%以上いる。よって男性が人物を女性とみても，特に問題とはならない。また人物は大人の女性以外の人（少年，少女，成人男性など）とみられる場合もある。この場合はより直接的に被検者の価値観が反映していると考えられる。

c　誤り（×）。TATの3BMカードを見た男女を含む被検査者の90%以上が「この人物は女性」と認識することから，男性被検者がカードの人物を女性とみたことのみを根拠として，「被検査者は性同一性に関して，混乱を抱えている可能性が高い」と解釈するには無理がある。性的同一性が混乱している人は，このカードの人物の性別を同定するのに困難があると考えられている。

d　誤り（×）。実際には，小物体にまったく言及しない人の方が多い。選択肢の文章は逆である。また，本図版で小物体（ピストルのようなもの）を無視したから「攻撃的傾向の抑圧がある」というようにステレオタイプに理解することはしない方がよい。攻撃的傾向の対処の仕方は図版8BMや図版15の物語を重ねて検討する方がよい。

e　誤り（×）。殺害の動機に触れていない場合には，語り手の希死念慮や自殺企図の可能性に注意を払わなければならない。

以上の理由から，

b，c，d，eは誤りで，正答は　a　となる。

問題42……正答e

精神医学的診断は医業であり医師の領分ではあるが，精神科医と連携して働く臨床心理士は，精神医学的診断に関して，診断の条件や診断名の変遷について十分な知識を持つ必要がある。特に，DSM-5になり，知的障害に関しては，標準化された知能検査の得点のみならず，生活適応能力が重視されるようになった。また，行動障害に分類されていた注意欠如・多動性障害が神経発達症群に含まれるようになり，発症年齢も７歳以前から12歳以前に引き上げられた（これは議論が多い変更である)。そして，DSM-Ⅳまでの広汎性発達障害という診断から，自閉スペクトラム症／自閉症スペクトラム障害という診断名に変更がなされ，社会的（語用論的）コミュニケーション障害が独立するなど，大きな変化が認められた。発達障害関連の診断は全人口の１％と，従来の20倍以上に増加しており，今後も鑑別診断目的の心理アセスメントは続くであろう。臨床心理士が必ず身に着けておくべき知識と言える。

A　誤り（×）。知的能力障害の診断は，①標準化された知能検査等で評価される知的機能，②社会適応能力の欠陥，③発達期の発症，という３つの基準を満たさなければいけない。

B　誤り（×）。上述したように，12歳以前に引き上げられている。

C　正しい（○）。自閉症スペクトラム障害の診断基準は，「社会的コミュニケーションの障害」と「限定された反復的な行動様式」の２つであるが，後者の基準の中に，感覚刺激に対する過敏さまたは鈍感さが含まれている。

D　正しい（○）。発達性協調運動症の診断基準Ｂに，運動技能の欠如は学業または学校での生産性に影響を与えているとある。

以上の理由から，

a，b，c，d は誤りで，正答は　e　となる。

問題 59……正答 d

家族療法に関する基本的理解と初回面接時の見立てについて問う問題である。

A　誤り（×）。IP（Identified Patient；患者とみなされた人）は，本事例の場合，不登校の A さんである。

B　正しい（○）。父親は，「子育ては妻に任せてきたので…」とバツが悪そうに答えていたが，母親が「夫は仕事が忙しく，まったく協力してくれない」と不満を述べると表情が硬くなった。父親は積極的に来談したわけではない。しかし，「子育てを任せてきた」母親に対して，不満を抱いており，その意味で家族の面接に期待する面もあると思われ，来談に対してはアンビバレントな感情を抱いていたと考えられる。

C　誤り（×）。来談したAさんは終始下を向き，臨床心理士の問いには「別に…」と答える程度でしゃべらずにいたことから，強い来談動機を持っていたとは考えられない。

D　正しい（○）。父親は母親に対する不満を母親に直接ぶつけることはなかったが，妹と連合して母親に対抗している様子がみられた。このように父親が母親への不満を妹と共有することが，両親間の葛藤への対処として機能していると考えられる。

以上の理由から，

a，b，c，e は誤りで，正答は　d　となる。

問題 60……正答 a

家族療法の初回面接における家族に関する見立てに関する問題である。

A　正しい（○）。本来は夫婦間にある葛藤を，子どもが問題を抱えることで見せかけの連合が形成されることを迂回連合と呼ぶ。子どもが問題や症状を呈している間は表面的に夫婦関係はうまく維持されるのである。この初回面接では，Ａさんの咳込みという症状が，両親間の葛藤の回避に役立ったことがわかる。Ａさんの不登校という症状も，同じ文脈において理解できる可能性が示唆されている。

B　正しい（○）。家族中で起こりやすい連動として，夫に不満を持つ妻が息子と連合を組み，夫に対抗する構造を呈することがある。本事例の場合は，母親に対して不満を持つ父親が娘と連合して，母親と対抗していると見立てられる。

C　誤り（×）。家族療法ではゲートパーソンという用語は用いられない。ゲートパーソンは文字通りゲートの担当者や正当性の調停者を意味するが，あまり使用されない用語である。例えば厚生労働省の自殺対策では，悩んでいる人に気づき，声をかけ，話を聞いて，必要な支援につなげ，見守る人という意味でゲートキーパーという用語を用いている。その対象は，地域のかかりつけの医師，保健師，民生委員，ボランティアなど，対象主体とは異なる人を想定している。いわば心の門番ともいえ，各地でゲートキーパー養成が行われている。家族療法では，特定の家族成員をゲートキーパーとして位置づけることを目標としてセラピーを行っているわけではなく，通常は家族成員がともに心理的回復を図っていくプロセスを追う。したがって，「父親が家族のゲートパーソンである」という記述は，家族療法にはなじまない。

D　誤り（×）。初回面接においては，両親ともにＡさんの咳込みを心配しており，母親の過干渉がＡさんの不登校の原因となったという根拠を見つけることはできない。

以上の理由から，

ｂ，ｃ，ｄ，ｅは誤りで，正答は　ａ　となる。

問題 61……正答 b

家族療法の初回面接における臨床心理士の家族への対応に関する問題である。

a　**誤り（×）**。家族療法においては，すでに一定の構造をもっている家族全体と関係を築くことが重要である。特定の個人に対して積極的にラポールを築こうとする必要はない。

b　**正しい（○）**。家族に対して専門家として出会うために，家族を治療につなげた母親への気遣いを欠かさず，家族が持っている交流パターンを尊重する姿勢が求められる。母親が父親に上座を割り当てた意図を汲んで，父親に最初に挨拶することは正しい配慮である。

c　**誤り（×）**。家族療法の治療目的は，家族構造の変化である。個人が家族内の葛藤に巻き込まれないための対処ではなく，家族内の葛藤の解消をめざして，まずは家族としての面接が継続される。

d　**誤り（×）**。家族の構造を尊重するために，誰かが率先して話すときにはそれに従う。その話があまりに長いときには話を別の方向に誘導するが，その場合も穏やかにリードする配慮が必要である。

e　**誤り（×）**。家族全体との関係を築く姿勢が最も重要であるため，特定の個人との対話を中心にする必要はない。むしろ初回であれば，治療者には家族全員の主訴を確認する役割がある。

以上の理由から，

a，c，d，e は誤りで，正答は　b　となる。

問題 62……正答 c

スーパーヴィジョンにおけるパラレルプロセスの概念について問う問題である。

A　**正しい（○）**。パラレルプロセスの定義として適切である。

B　**誤り（×）**。パラレルプロセスは，クライエントとセラピストの間の関係性がスーパーヴァイジーとスーパーヴァイザー間にも同時並行で起きるので，このプロセスをスーパーヴァイジーとスーパーヴァイザー間の転移–逆転移と厳密に区別することは困難である。

C　誤り（×）。心理療法においてセラピストに生じた逆転移感情をクライエントに伝えることが治療的に作用することもあるのと同様に，スーパーヴァイザーがその逆転移感情をスーパーヴァイジーに伝えることも，教育的効果さらには間接的にクライエントへの治療的効果をもたらしうる。これを伝えることを禁じる倫理的理由はない。

D　正しい（○）。転移–逆転移が，回避しがたくその治療的活用が望まれるのと同様のことが，パラレルプロセスについてもあてはまる。

以上の理由から，

a，b，d，eは誤りで，正答は　c　となる。

問題66……正答a

精神分析的な方向づけを持つ臨床心理援助におけるチーム支援の動向に関わる問題である。

治療的共同体の機能を前提とした力動的入院治療の実践は1970年代初めに日本に導入された。水準の重い病理の患者の場合，その主観的な現実と客観的現実の間に明らかな違いが生じ，現実認識に歪曲が見られる。そのような病理水準を示す例としては，境界性パーソナリティ障害を挙げることができるだろう。そこでは，医学的管理や指導といった現実的な側面を担う者と，内的世界の体験を扱う治療者の役割分担が重視されてきた。そこで精神分析的な方向づけをもつ臨床心理援助において，多職種連携や協働のあり方の概念化は，特にA；境界性パーソナリティ障害の治療において発展してきた。C；A–Tスプリットの，Aは，administrator（管理医・主治医）を意味し，治療計画の作成，投薬管理，入退院の決定を担い，各専門スタッフの治療計画のコンサルテーションを担う。つまり医師の役割はB；管理である。Tは，therapist（セラピスト）であり，内面的世界を扱っていく。「主に管理を行う医師と心理療法を行う臨床心理士が治療方針を共有しつつ役割分担をしていく」のである。さらに，近年では，境界性パーソナリティ障害を対象とする治療において，D；メンタライゼーションに基づく治療（Mentalization Based Therapy：MBT）においてチーム支援モデルが提唱されている。

以上の理由から，

b，c，d，eは誤りで，正答は　a　となる。

問題 71……正答 e

分析心理学の方向性を持つ心理療法の基本的姿勢を問う問題である。

A　誤り（×）。分析心理学においては，精神分析と同様に転移／逆転移の現象は回避できないと考えているが，治療の主軸としてこれを意図的に喚起することは推奨されていない。

B　正しい（○）。「この心理療法で，どのようなことをみていくことになると思いますか？」という問いかけは，心理療法においてこれから自発的に起こるプロセスを客体化し，そこにAさんの注意を向けようとしている。Aさん自身が，主体として，この未知のプロセスに参与していくこと，臨床心理士もこの点においてAさんと同じ立ち位置にあることを示唆する問いかけであった。

C　誤り（×）。分析心理学では，症状の原因を探求する病因論的・因果論的な立場を取らないので，これは間違いである。

D　正しい（○）。分析心理学では，どのような目的のために症状が出現しているのかを考える目的論的アプローチが重視されている。

以上の理由から，

a，b，c，d，は誤りで，正答は　e　となる。

問題73……正答c

山中（1990）によれば，なぐりがきを絵画療法場面に持ち込んだのはアメリカの絵画療法家ナウンブルグ（Naumburg, M.）である。Naumburg, M.（1966）は，A：スクリブル法（scribble）を世に紹介した。その後，小児科医であり精神分析家のWinnicott, D. W.（1971）はB：交互スクィッグル法（squiggle）を心理療法場面に導入し，なぐりがき研究の基礎を築いた。1977年，交互スクィッグル法（squiggle）を日本に紹介した中井久夫は，1982年枠付け法を加え，C：相互限界吟味法（Limit Testing Squiggle）を提案。1984年には山中康裕がD：交互なぐりがき物語統合法（Mutual Scribble Story Making：MSSM）を創案したが，本法では同一の画用紙になぐりがきし，同時に物語を作ることで投影したものを再び意識の糸でつなぎとめる点が強調された。

以上の理由から，

a，b，d，eは誤りで，正答は　c　となる。

問題74……正答d

産業領域での社内カウンセリングの初回の経過に関する問題である。

a　**誤り（×）**。ラポール形成が難しいからという理由で，すぐに担当を変更することは臨床心理士としての責任を果たしていると思えない。何回かかけて，そのような態度の背景について理解しようとする姿勢が求められる。

b　**誤り（×）**。「横柄な態度を取られるのですね」という言葉は，Aさんが非難されたと受けとめる可能性が高く，治療的に作用すると思われない。

c　**誤り（×）**。Aさんの態度により喚起された臨床心理士側の否定的な感情を否定したり，抑圧するよりも，むしろしっかり認識して，Aさんの理解につなげる努力が求められる。

d　**正しい（○）**。臨床心理士の目に横柄，勝手と映るAさんの態度も，Ａさんの体験の表出ととらえ，その背景のＡさんの心情を感じ取ろうとする姿勢が求められる。

e　誤り（×）。心理療法では，臨床心理士自身も，クライエントとの二者関係において自分自身の内面に生じた感情に目を向けて，見立てに役立てる必要がある。

以上の理由から，

a，b，c，eは誤りで，正答は　d　となる。

問題 75……正答 d

クライエント中心療法における臨床心理士側の関わり方に関する問題である。

クライエント中心療法にとって最も重要な点は，臨床心理士側が，クライエント個人の価値と意義を尊重できているかどうかである。クライエントを一人の価値ある個人として扱っているか，なにかしら見下した態度を取っていないかについて，臨床心理士は常に自己確認しておく必要がある。

A　誤り（×）。「気づかせるために」不快感を伝えるという姿勢は，臨床心理士がＡさんが気づくべきことに先に気づいているという認識に基づいている。Ａさん自身が気づいていくプロセスを十分に尊重できているとはいえず，Ａさんの人格の価値や主体性を尊重する姿勢について更なる自覚が求められる。

B　正しい（○）。臨床心理士はＡさんの主観的な体験について推論を重ねていくが，それは，あくまで推論であって，Ａさんの立場から見れば，それが必ずしも正しいわけではないことを認識しておく必要がある。

C　誤り（×）。あくまでもＡさん自身が気づいていくプロセスを尊重するためには，臨床心理士の理解を伝えることについては慎重な姿勢が望ましい。伝えるタイミングやその必要性について吟味する必要がある。

D　正しい（○）。クライエント個人の価値と意義を尊重できているかどうかについて，常に自己確認が求められる。とりわけ臨床心理士も人間である限り，ネガティブな感情を抱くことも当然起こり得る。そして，その点についてしっかり自己確認することが求められる。

以上の理由から，

a，b，c，eは誤りで，正答は　d　となる。

問題 76……正答 c

提示された臨床心理士とＡさんとのやりとりに続く対応を問う問題である。Ａさんの「企業人としての自分の苦しみを，企業で働いたこともない若いカウンセラーにわかるものか，という気持ちがどうしても出てきてしまうんです」という言葉に対する対応について問われる。

A　誤り（×）。カウンセリングにおける自己開示が治療を促進することもあるが，クライエント中心の観点からは慎重な姿勢が望まれる。「私にも企業で働いた経験がある」という自己開示は，臨床心理士が共感可能であることの根拠として伝えたものである。しかし，共感は必ずしも同じ経験をしていることが前提となるわけではない。Ａさん自身にこの自己開示がどのように受けとめられるかについて十分に配慮するべきである。

B　正しい（○）。「日々どんな思いで働いてきたか，これまで企業人としてどう歩んできたか，そこが理解されないままで，今の自分のことだけを話すことは，気が進まないことですね」という対応は，Ａさんに対する共感的理解を丁寧に伝えるものである。

C　正しい（○）。クライエント中心療法において，臨床心理士の言葉が，クライエントにどのように受けとめられたかについて，非言語的な表現も含めて受けとめ，感じ取っていく姿勢が重視される。

その意味で，Aさんの様子を見きわめようとする対応は適切である。

D　**誤り（×）**。真のラポール形成に年齢差は関係ない。Aさんより若いという誤解を払拭したいという臨床心理士の願望の背景に，Aさんとの関係において優位に立ちたいという意図がないかどうか，慎重に自身の気持ちを確認する必要がある。

以上の理由から，

a，b，d，eは誤りで，正答は　c　となる。

問題77……正答b

多職種とのチーム連携について問う問題である。

A　**正しい（○）**。チームの形成においては，チームメンバーがそれぞれに居心地の良さを感じられるように配慮することで，チームワーク力を高めることができる。チームの機能を振り返る際には成果的な面だけに着目することなく，チームメンバー間の人間関係への視点も重要となる。

B　**誤り（×）**。多職種チームにおいては，どの職種であってもリーダーシップをとりうるが，チームの状況によっては，その職務の質や幅広さから臨床心理士がリーダーシップをとる場合も起こり得る。

C　**正しい（○）**。多職種チームにおいては，常に専門職間のコンフリクトが発生しうる。このコンフリクトを乗り越えていくことでチームそのものが成長する。よりよいチームを目指す際には，ビジョンや目標の共有が不可欠である。チームの振り返りにおいても，折々に全体のビジョンに立ち返ることが有効であると考えられる。

D　**誤り（×）**。多職種チームにおいて理解を共有するときには，むしろ専門用語をできるだけ用いずに要点をわかりやすく報告する工夫が求められる。臨床心理士の専門性には，相手に役立つ形で専門的な情報を提供できるスキルも含まれる。

以上の理由から，

a，c，d，eは誤りで，正答は　b　となる。

問題82……正答c

高齢者福祉領域における心理支援に関する問題である。高齢者福祉施設に常勤で勤務している臨床心理士は現在少数であるが，今後，さまざまな役割が期待されるようになると思われる。

A　誤り（×）。高齢者福祉施設におけるアセスメントは，面接室で個別に心理検査を行うよりも日常生活で関わりながらの形態をとることは多いが，やはり重要であり，介入の前提となるものである。

B　正しい（○）。高齢者福祉施設では，個別の面接を行うための部屋があることは少ない。寝たきりであったり，認知症の人が個室では不安になったりすることもある。「面接室での50分の面接」というのは長すぎることも多く，むしろベッドサイドなどで，臨機応変に，頻回に行った方が良いこともある。

C　正しい（○）。介護スタッフの離職率は高くなっており，高齢者福祉領域でもスタッフへのメンタルケアの重要性は増している。中長期的視点に立って，計画的に行われることが重要である。

D　誤り（×）。各地の介護家族の交流会は，市町村自治体の高齢者福祉担当課や，地域包括支援センター，介護保健施設，当事者団体など，多様な主体によって企画・運営される場合が多くみられる。

以上の理由から，

a，b，d，eは誤りで，正答は　c　となる。

問題91……正答c

リストカットなどの自傷行為は近年増加しており，その理解や対応は，臨床心理士にとって不可欠なものと言える。この問題では，理解や対応にあたっての基本的な諸点について取り上げている。

A　**誤り（×）**。リストカットなどの自傷行為は，通常，不安・緊張・気分の落ち込みといった辛い感情を緩和するために行われるもので，演技的・操作的な行動だけとはいえない。何よりも，誰も見ていないところで行われ周囲の誰にも告白されない場合が多いことに留意する必要がある。

B　**正しい（〇）**。そもそも，自傷行為は救いを求める行動であることが多い。その背景となっている辛さの由来を探っていくことが重要な対応である。リストカットなどの自傷行為を告白された際には，丁寧に，「何か辛いことがあったのかどうか」に耳を傾けることが重要である。

C　**正しい（〇）**。リストカットなどの自傷行為は，必ずしも自殺を意図したものではなく，苦痛の緩和や救いを求める意図の行動である。しかし一方で，自傷行為を繰り返す者の自殺のリスクは高い。長い時間をかけてさまざまな自傷行為を発展させながら，最終的に自殺を企図する場合もある。

D　**誤り（×）**。自傷行為は思春期・青年期に多く見られるのは確かだが，中年期以降の年齢にも見られる行動である。

以上の理由から，

a，b，d，eは誤りで，正答は　c　となる。

問題 92……正答 c

子どもから目撃証言を得る場合や，虐待などの被害体験を聞く場合，面接者は，子どもの認知発達の特徴や，大人との関係の中での行動特徴，さらには二次受傷の可能性などを考慮に入れて，慎重に行う必要がある。この問題は，そうした場面で臨床心理士として適切に子どもとやり取りする際の基本的な留意点に関する知識を問う問題である。

A　**誤り（×）**。記憶の歪曲の影響を少なくするためには，選択式の質問よりも，自由に話すことができるオープンな質問を用いることが適切である。

B　**正しい（○）**。子どもが自由に，より正確に，よりたくさん話すように動機づけることは，大人との関係で受け身の立場になりがちな子どもから，正しい情報を得るために重要なことである。

C　**正しい（○）**。子どもは，大人との関係の中では，大人の期待に応えなければいけないと考える傾向がある。そのために，「わからない」「知らない」と言ってはいけないと考え，期待に添うことを推測で話してしまう可能性がある。正確な情報を得るためには，こうした傾向に配慮して質問を行うことが大切である。

D　**誤り（×）**。被害体験について何度も尋ねることは，トラウマの原因になることが指摘されている。二次受傷と呼ばれるものであり，このような事態を引き起こさないように配慮することが大切である。

以上の理由から，

a，b，d，eは誤りで，正答は　c　となる。

問題95……正答e

自然災害の際の心理支援に臨床心理士が活動することがしばしばあるが，そういったときの基本的な姿勢についての問題である。災害時の心理支援における基本的な姿勢においては，専門家としての知識や介入技法だけでなく，むしろ，対等な人間として，被災者の本来持っている力を信頼し，人として危機に寄り添い，手助けすることが重要である。

A　**誤り（×）**。災害時においては，生きていく上での基本的な物資（食料・水など）に関する支援は重要である。

B　**誤り（×）**。外傷的な体験や喪失にまつわる感情を詳細に聞くことは，被災者の心的外傷を強めてしまう可能性が高く，避けるべき事柄である。被災者自身が語ることを求める場合には，丁寧に耳を傾けていくことが重要であるが，「正確な把握」のために「詳細に」聴いていくことは，望ましくない。

C　**正しい（○）**。災害現場で活動する心理支援者も，災害の心理的なインパクトを受けることがあり，こうした二次受傷が自らの心身の状態に与えている影響を把握することが重要である。

D　**正しい（○）**。災害時は，緊急事態であるだけに，なおさら，その地域の実情や文化に即した支援が行われることが重要である。

以上の理由から，

a，b，c，dは誤りで，正答は　e　となる。

問題96……正答e

臨床心理士の業務を遂行するにあたっては，来談者などの人権に配慮することが必要であり，そのためには日々の研鑽が求められる。こういった事柄に関して，日本臨床心理士資格認定協会では，「臨床心理士倫理綱領」を定めている。この倫理綱領に関する知識は，臨床心理士にとって必須である。

A　**誤り（×）**。臨床心理士倫理綱領前文には，「臨床心理士は基本的人権を尊重し，専門家としての知識と技能を人々の福祉の増進のために用いるように努めるものである」とある。「精神衛生の向上」以前に，「基本的人権の尊重」を第一義と考えることが大切である。

B　**正しい（○）**。この文は，臨床心理士倫理綱領第９条の前半である。

C　**誤り（×）**。臨床心理士倫理綱領の第８条には，「心理学的知識や専門的意見を公開する場合には，公開者の権威や公開内容について誇張がないようにし，公正を期さなければならない」とある。「威厳ある態度」ではなく，「誇張なく，公正に」が重要である。

D　**正しい（○）**。この文章は，臨床心理士倫理綱領第５条の中盤にある。

以上の理由から，

a，b，c，dは誤りで，正答は　e　となる。

問題 97……正答 a

非行少年や犯罪者の処遇について正確な知識を持っていることは，非行や犯罪から立ち直ろうとする人たちからの相談においても，また，犯罪被害にあった人たちからの相談においても，不可欠なことである。本問は，成人と少年の場合の処遇の違いに焦点をあてて，基本的な事柄を出題している。

a　正しい（○）。成人事件で公訴を提起するのは検察官であり，検察官は起訴するかどうかの裁量権を持っている。この点が，すべての事件を家庭裁判所に送致しなければならない少年事件との大きな違いである。

b　誤り（×）。成人の受刑者の処遇においても，改善更生の意欲の喚起および社会生活に適応する能力の育成を目的として，作業や改善指導，教科指導といった矯正処遇を行っている。

c　誤り（×）。少年法では，成人事件における起訴猶予等のような捜査機関限りで事件を終了させることは認められていない。どんな事件でも，すべて家庭裁判所に送致しなければならないとしている。これが「全件送致主義」である。

d　誤り（×）。「検察官送致」は，刑事処分を相当とするものであり，保護処分ではない。

e　誤り（×）。少年院での収容期間は，原則として20歳に達するまでであるが，20歳に達した後も，少年院送致決定の日から起算して１年間に限り，収容を継続することができる。

以上の理由から，

b，c，d，eは誤りで，正答は　a　となる。

問題 99……正答 a

ストーカー行為が社会の耳目を集めており，臨床心理士がストーカー行為に深く関わる機会も増加することが予想される。どのような行為が「ストーカー行為等の規制等に関する法律（以下「ストーカー規制法」とする)」で定める「つきまとい行為」として規制の対象となっているのか，正確な知識を持っていることが重要である。

A　正しい（○)。ストーカー規制法に「汚物，動物の死体その他の著しく深い又は嫌悪の情を催させる物を送付」することが挙げられている。

B　正しい（○)。ストーカー規制法に「電話をかけて何も告げず，または拒まれたにもかかわらず，連続して，電話をかけ，ファクシミリ装置を用いて送信し，もしくは電子メールの送信等をすること」が挙げられている。平成 25 年の法改正により，電子メールの送信が追加された。

C　誤り（×)。ストーカー規制法に「住居等の付近をみだりにうろつくこと」が挙げられている。平成 28 年の法改正により追加された。

D　誤り（×)。平成 28 年のストーカー規制法改正により，「拒まれたにもかかわらず，連続して SNS のメッセージ機能を利用してメッセージを送信する行為」が追加された。

以上の理由から，

b，c，d，e は誤りで，正答は　a　となる。

問題 100……正答 d

パワーハラスメントは，精神的な苦痛を与えるものであることから，臨床心理士が関与する事例の中でもテーマとなる可能性がある。また，社会的な認知も高まっていることから，これを訴える来談者も多くなることが想定される。したがって，パワーハラスメントの対策を定めた

「労働施策総合推進法」の扱うパワーハラスメントの内容と種類について，適切な知識を持っていることは重要であり，本問はそれを問う問題となっている。パワーハラスメントの定義は「職場において行われる優越的な関係を背景とした言動であって，業務上必要かつ相当な範囲を超えたものによりその雇用する労働者の就業環境が害されること」というものである。

A　**誤り（×）**。パワーハラスメントは「業務上必要かつ相当な範囲を超えたもの」である。この選択肢では「部下の無断遅刻が続いている」という業務上必要な根拠に基づく指導であるから，パワーハラスメントと断定できる状況ではないと考えられる。

B　**正しい（〇）**。パワーハラスメントの定義にある「優越的な関係を背景とした言動」には，「同僚または部下からの集団による行為で，これに抵抗又は拒絶することが困難であるもの」も含まれる。個人の名誉棄損や侮辱に関するものであるから，「精神的な攻撃」である。

C　**誤り（×）**。「部下のキャリア発達を促す」という業務上の根拠に基づいており，「現状よりも少し高いレベル」であるから「業務上必要かつ相当な範囲を超えたもの」ということは難しい。

D　**正しい（〇）**。この選択肢では，業務上合理的なものであるとする判断材料は示されていない。むしろ「上司に率直に意見を言う部下」に対する報復的な意味合いが想定される。したがって，「過小な要求」に相当すると考えることができる。

以上の理由から，

ａ，ｂ，ｃ，ｅは誤りで，正答は　ｄ　となる。

令和３年度試験問題の正答と解説

問題２……正答ａ

心理学史において大きな貢献をなした心理学者と，その業績についての理解に関する問題である。臨床心理学は，広く心理学の研究の基盤の上に成立していることから，臨床心理士においても心理学の基礎知識が必須である。

ａ　**正しい（○）**。Fechner, G. T. は，物理的世界の事象である刺激と心理的世界の事象である感覚との関係を精密に理論付けようと試みた。

ｂ　**誤り（×）**。Köhler, W. は，ゲシュタルト心理学の中心的人物のひとり。機械論的な行動主義に対しては批判的であった。

ｃ　**誤り（×）**。Skinner, B. F. は，明確な刺激を指摘しにくい生活体から自発するオペラント型の反応を中心に，種々の強化スケジュールがもたらす反応累積曲線への効果を詳細に分析した。

ｄ　**誤り（×）**。Binet, A. は，ビネー式知能検査を開発した。下位検査のプロフィールによって知能の特徴を知るタイプの知能検査は，Wechsler, D. らによって開発されたウェクスラー式知能検査である。

ｅ　**誤り（×）**。Harlow, H. F. は，アカゲザルの人工的な代理母の実験によって，食餌として与えられる乳よりも仔ザルは肌触りのよさの方を好むことを見出した。

以上の理由から，

ｂ，ｃ，ｄ，ｅは誤りで，正答は　ａ　となる。

問題７……正答ｃ

集団の行動が個人の行動に影響を及ぼす現象や，説得的コミュニケーションによる態度変容に関する問題である。臨床心理士がクライエントに接する場合にも，説得的コミュニケーションが求められることも想定され，基礎知識として習得しておく必要があろう。

a　**誤り（×）**。社会的手抜きとは，他の人々と何らかの活動に従事しているが個人の成果が問われない場合，自分一人くらい手を抜いてもかまわないと考え，努力量を減らすという現象のことである。他者の存在によって遂行成績が抑制されることは，「社会的抑制」である。

b　**誤り（×）**。傍観者効果とは，多くの人がいると，一人のときには取るはずの行動が抑制されることである。多くの人が近くにいると，一人のときよりも遂行成績が向上する現象は，「社会的促進」である。

c　**正しい（○）**。心理的リアクタンスとは，説得や命令に抵抗しようとする傾向のことである。説得や命令の受け手にとって，他者から制限される自由が重要なほど，制限される自由の量が大きいほど，自由を回復しようとする動機が高まり，心理的リアクタンスが大きくなる。

d　**誤り（×）**。ドア・イン・ザ・フェイス法とは，受け手が拒否すると予測されるような大きな依頼を行い，受け手が拒否した後に，より応諾されやすい小さな依頼を行うという，説得的コミュニケーションの方法の一つである。問題文の，受け手が応諾しやすい依頼をし，受け手がそれに応諾した後に，より大きな依頼を行う方法は，「フット・イン・ザ・ドア法」である。

e　**誤り（×）**。認知的不協和とは，論理的に整合していない，矛盾している状態のことである。互いに矛盾している情報が認知的不協和を喚起し，その不協和は心理的不快感や緊張をもたらすために，できるだけ認知的不協和状態を低減させ，協和状態になるように，行動や認知の変容が引き起こされると考えられている。

以上の理由から，

a，b，d，eは誤りで，正答は　c　となる。

問題9……正答c

パーソナリティ形成に対する遺伝と環境の影響力については，近年行動遺伝学による研究の発展によって，さまざまなことが明らかにされてきている。したがって，遺伝と環境の影響についてもう一歩理解するためには，行動遺伝学の知見がどのような理論的基盤によって支えられているのかを理解しておく必要がある。このような知識は，臨床心理士が心理学的な個人差を理解する上でも重要な基盤となるものである。行動遺伝学の知識が求められ，やや難度が高い問題であろう。

- **a　誤り（×）**。気質は発達初期の心理的個人差を表すが，おもに遺伝的な要因によって形成されることが仮定されている。
- **b　誤り（×）**。遺伝率が50%というのは，すべての個人についていえるものではなく，平均値であり，父母の片方から遺伝することを意味するわけではない。
- **c　正しい（○）**。行動遺伝学では，双生児を類似させる影響力をもつ共有環境と，類似させない影響力をもつ非共有環境に環境を分類する。
- **d　誤り（×）**。一卵性双生児のきょうだいは二卵性双生児のきょうだいにくらべ，パーソナリティ得点は類似し，相関係数が高くなるが，一致することはない。
- **e　誤り（×）**。あるパーソナリティ特性に影響を与える遺伝要因は単一ではなく，非常に多く仮定されており，ポリジーン遺伝と呼ばれる。

以上の理由から，

a，b，d，eは誤りで，正答は　c　となる。

問題 10……正答 b

臨床心理士にとって，基本的な研究計画と統計手法との対応を理解しておくことは，自らの研究計画を立案する上で不可欠である。本問題は，どのような目的でどのような統計的な分析手法を用いるべきであるのかについて，問うものである。基本的な計画と統計手法についての問題であり，臨床心理士としても習得しておくことが求められる。標準的な難度と思われる。

A　**正しい（○）**。授業方法と学年という２つの要因，２水準と３水準が設定されていることから，２要因の分散分析を実施することが適当である。

B　**誤り（×）**。標準化とは，平均０，標準偏差１になるようにデータを変換することを指すのであり，人数を揃えることを指すのではない。

C　**正しい（○）**。事前テストと事後テストの平均値の差を検定する際には，対応のある t 検定を行うことは適切である。

D　**誤り（×）**。無相関検定は，相関係数が統計的に有意であるかどうかを検定するものであり，複数集団の相関係数の差は，相関係数の差の検定で検討される。

以上の理由から，

a，c，d，eは誤りで，正答は　b　となる。

問題 14……正答 a

Milner, B. らによる H. M. 氏に関する研究は，記憶の脳科学確立に最も寄与した研究の一つである。高齢化社会のもとで，記憶障害を持つ患者の支援を行う機会がますます増えるので，臨床心理士にとっては必須の知識といえる。H. M. 氏は脳のどの部位を切除されたか，その結果，どのような記憶障害が生じたか，また，この症例に関係する記憶は機能的にはどのように分類されるか，といった点に関して，学部卒業レベルの基本的な知識を問うものであるが，心理臨床的視点も加味された良問と思われる。

A　**側頭葉内側部**。H. M. 氏が切除されたのは海馬を含む両側の側頭葉内側部である。

B　**手続き的記憶**。運動技能などを含む手続き記憶は宣言的記憶とは対立概念であり，非宣言的記憶である。宣言的記憶は側頭葉内側部が担うことから，その切除により H. M. 氏には宣言的記憶に障害が生じたが，手続き記憶（鏡映描写課題）は正常であった。

C　**前向健忘**。術後に診察を受ける医師の顔がおぼえられない，すなわち術後のことが覚えられないことから，「前向健忘」である。「逆向健忘」は，術前の出来事に関する健忘である。

D　**器質性健忘**。心理的要因で生じる記憶障害を「心因性健忘」と呼び，脳損傷によって生じる記憶障害を「器質性健忘」と呼ぶ。H. M. 氏の場合は後者となる。

以上の理由から，

b，c，d，e は誤りで，正答は　a　となる。

問題 15……正答 d

人がどのような過程を経て，対象に関する態度を形成したり変化させたりするのか，それを理解することは，臨床心理士が支援対象者とのかかわり方を考える上でも有用である。認知的斉合性理論とは「人が自分の認知要素に一貫性や斉合性を持とうとする」という考えを基本にした，態度変化に関する理論の総称である。Heider, F. のバランス理論や Festinger, L. の認知的不協和理論がその一例である。認知的不協和理論は，態度の変化を認知的不協和の解消という観点から説明している。認知的斉合性理論と総称される諸理論を知っておくことは，支援対象者を理解する上で役立つことだろう。

A　**斉合性**。「ある対象への認知が，関連した他の認知と一貫性・斉合性を保てない場合に，人はいずれかの認知を変えて斉合性を保とうとする」という考え方を基本にした，態度変化に関する理論の総称は認知的斉合性理論と呼ばれている。

B　**Heider, F.**。Heider, F. が提案したものがバランス理論，Festinger, L. が提案したものが認知的不協和理論である。

C　**積**。バランス理論では，人（P）の他者（O）への認知がマイナス，対象（X）への認知もマイナス，そして他者の対象への認知がマイナス，すなわちすべての認知要素がマイナスの場合，その積はマイナスになる。このような場合を含めて，積がマイナスになる４つのパターンを不均衡状態に位置づけている。

D　**他者（O）や対象（X）**。C で述べた不均衡状態を解消するために，人は他者（O）や対象（X）への認知を変えることがバランス理論で提案されている。

以上の理由から，

a，b，c，e は誤りで，正答は　d　となる。

問題 16……正答 d

Mahler, M. S. の分離-個体化過程について問うものである。Mahler, M. S. は，乳幼児の観察によって，子どもが母親との共生的な融合状態から独立した存在へと発達する過程について理論化している。出生後の数週間は外界を意識しない「正常な自閉期」であるが，それに続く「正常な共生期」では，次第に母親をぼんやりと認識し，母親と自分があたかも二者単一体であるような行動を示すようになる。生後４，５カ月以降，分離-個体化過程の第１段階である分化期が開始し，続いて第２段階の練習期，第３段階の再接近期，第４段階の個体化の確立と情緒的対象恒常性のはじまりを経て，母親との融合状態から独立し，自らの個人的特質を獲得していくとされる。乳幼児の心的発達に関するMahler, M. S. の理論は，育児支援などの臨床場面において重要な視点を提供するだけでなく，すべての世代の人格理解に必要な基礎的知識である。

A　**正常な共生期**。Mahler, M. S. の分離-個体化過程では，出生後の2～3週間は母親を認識しない「正常な自閉期」であるが，「正常な共生期」に入ると，母親をぼんやりと意識し，自分と母親が単一体であるかのように行動するようになる。

B　**分化期**。分化期になると，乳児は自分自身と母親を識別し始める。

C　**分離不安**。再接近期（14～24カ月）の幼児は，身体機能の発達によって自由な移動が可能になり，喜びと同時に分離不安を感じるようになる。

D　**再接近期**。再接近期の幼児は，身体機能の発達によって母親から離れることができるようになるが，それと同時に分離不安も増大する。このため，母親への接近と回避を繰り返しながら，分離-個体化の過程を進んでいくことになる。

以上の理由から，

a，b，c，eは誤りで，正答は　d　となる。

問題28……正答a

SCTやTAT，P-Fスタディは代表的な投映法の心理検査である。本問はこれらの検査の実施法や背景になっている理論についての知識を問うものであり，臨床心理士としては当然知っておくべき内容である。

A　**正しい（○）**。SCTはその施行法について被検者に十分に説明ができるのであれば，自室・自宅に持ち帰ってもらったりして施行することが可能である。

B　**正しい（○）**。SCTは質問の意図が被検者にわかりやすく，回答を意図的にコントロールできるという意味で構造化された検査と言える。それゆえ，ロールシャッハ・テストに比較すると意識的・論理的な思考が働きやすく，いわゆる投映水準が異なる検査となる。

C　**誤り（×）**。TATを考案したMurray, H. A. らは解釈法として欲求圧力分析を提案している。また，TATにもっとも反映されるのは対人関係に関する思いや，対人関係に関する連想であると言われている。欲求不満場面での対処や認知が把握できるのはP-Fスタディである。

D　**誤り（×）**。P-FスタディはPicture-Frustration Studyというのが正式名称であり，その名の通り，欲求不満場面での対処や認知を把握するものである。

以上の理由から，

b，c，d，eは誤りで，正答は　a　となる。

問題33……正答e

精神疾患概念は時代の流れとともに変遷しており，臨床心理士はその診断基準について正しい知識を身に着けておく必要がある。本問は，DSM-5の秩序破壊的・衝動抑制・素行症群に焦点を当てている。

a　**誤り（×）**。DSM-5の反抗挑発症の初期症状は，通常は就学前に現れ，青年期以降にはまれである。

b　**誤り（×）**。DSM-5の素行症の診断基準の一つとして重大な規則違反があり，その項目の一つとして，「しばしば学校を怠ける行為が13歳未満から始まる」がある。ゆえに，「13歳以降の怠学」は誤りである。

c　**誤り（×）**。DSM-5の窃盗症の診断基準の一つとして，「窃盗に及ぶ直前の緊張の高まり」がある。「窃盗を行った直後」の緊張の高まりは誤りである。

d　**誤り（×）**。放火症は男性にずっと多くみられ，特に社会的技能が不良で，学習困難を持つ子どもが多いことがDSM-5で指摘されている。

e　**正しい（○）。** DSM-5では，反社会的パーソナリティ障害の診断基準を満たすには15歳以前に素行症のいくつかの症状が出現していなくてはならないとされている。

以上の理由から，

a，b，c，dは誤りで，正答は　e　となる。

問題36……正答b

P-Fスタディの基本的な理論やその解釈法の原則を理解しているかどうかを問う問題である。「M反応が多く，M-Aも44%」という結果から，無責傾向が強く，妥協と我慢の機制がこの男児のこころの中に働いていることを読み取ることが望まれる。また，集団一致率であるGCRの58%は小学校6年生男児の平均の範囲であり，「常識性が身についている」という長所にあたる。

A　**妥協。**「M反応が多く，M-Aも44%」という結果から，この男児には「無責傾向」「妥協と我慢の機制」がある。「反抗」「反省」ではなく「妥協」が適切である。

B　**我慢。**「M反応が多く，M-Aも44%」という結果から，この男児には「無責傾向」「妥協と我慢の機制」がある。「苛立ち」「後悔」ではなく「我慢」が適切である。

C　**あきらめる。**「M反応が多く，M-Aも44%」という結果から，この男児には「無責傾向」「妥協と我慢の機制」がある。自分がやりたいことを「押し通す」ではなく「あきらめる」が適切である。

D　**常識が身についている。** GCRの58%は小学校6年生男児の平均の範囲であり，「常識が身についている」という長所にあたる。また，「M反応が多く，M-Aも44%」という結果から，この男子は「妥協と我慢の機制」が強いことがわかり，「自己主張ができる」は適切でない。

以上の理由から，

a，c，d，eは誤りで，正答は　b　となる。

問題39……正答b

本問は，ロールシャッハ・テストの解釈・分析法に関する基本的知識に焦点を当てている。臨床心理士としては基本的な分析法・解釈法を身に着けておく必要がある。なお，本問ではロールシャッハ・テストのあらゆるスコアリング・システムに共通する事項のみを取り上げている。

A　正しい（○）。Aさんの問題の背景には精神疾患を発症している可能性も否定できない。ここではAさんの現実検討を把握することが重要である。ロールシャッハ・テストにおいて現実検討をみる指標の一つが形態水準である。

B　誤り（×）。ロールシャッハ・テストにおいて衝動性や感情統制のバランスをみるのは動物運動反応（FM）や無生物運動反応（m），色彩反応の比率（FC：CF＋C）などである。全体反応・部分反応の比率からわかるのは，全体を統合して全体的・抽象的にみるか，部分に分けて現実的・具体的にみるかの特徴である。

C　誤り（×）。体験型は被検者のパーソナリティが思考優位の内向型か，感情優位の外拡型かをみる指標である。思考障害については体験型にあらわれる人間運動反応の数字だけではなく，その質的特徴をみてゆく必要がある。Rapaport, D. らが提唱している「逸脱言語表現」などの指標や観点をもちいて理解する必要がある。

D　正しい（○）。決定因における色彩と形態の統合度（FC：CF＋C）から衝動性のアセスメントを行うことができる。FC：CF＋Cの左辺が大きければ感情統制がされる傾向があり，逆に右辺の方が大きければ感情統制があまりされておらず，衝動的であるという理解ができる。

以上の理由から，

a，c，d，eは誤りで，正答は　b　となる。

問題 40……正答 b

臨床心理士は，クライエントや家族・他職種に対して「知能検査はなぜ有効か」についてわかりやすく説明できることが必要である。そもそも知能検査を何のために行うのか，IQ を算出するだけでよいのか，知能検査の有効な活用方法についての知識を問う問題である。

A　正しい（○)。群指数や評価点などの数値的結果に加えて，課題への取り組み方や検査場面における行動特性などにより，Aさんについて多様な情報を得ることができる。

B　誤り（×)。知能検査を用いることにより，群指数などの知的能力のばらつきをみることで，被検者の知的能力の特徴をある程度理解することはできる。しかし，必ずしも発達障害の特徴を把握できるわけではない。また，診断は医師の業務であって，臨床心理士は診断補助のためのアセスメントに貢献はしても，診断はしないのが原則である。

C　正しい（○)。知能検査によって主訴と関連する知的能力を把握することが可能である。Aさんの被害感や暴力がワーキングメモリーの問題から派生している可能性があるかもしれないし，検査課題に対する取り組みから衝動性の高さが理解できる場合もある。

D　誤り（×)。知能検査で理解できるのはその時点でのクライエントの発達状況であり，その後の発達経過は予測できない。同様に，過去の発達経過も推測することは難しい。

以上の理由から，

a，c，d，eは誤りで，正答は　b　となる。

問題 41……正答 e

発達障害や発達における諸問題を適切にアセスメントするために必要

な心理検査やテスト・バッテリーに関する基本的な知識を問う問題である。日常生活の適応状況の把握や発達障害特性やその他の重要な要因を把握するアセスメントツールについて，どのようなことをどのような手法により測定しているかについて問うている。

A　**VinelandⅡ適応行動尺度。**S-M 社会生活能力検査はクライエントの日常生活をよく知る養育者に質問に回答してもらう間接検査であり，VinelandⅡ適応行動尺度はクライエントをよく知る養育者に面接をする形でアセスメントを実施するものである。

B　**PARS-TR。**自閉スペクトラム症の特性を評価する PARS-TR は面接評定尺度であり，AQ は本人が記入する自己評定尺度である。

C　**Conners 3。**CAARS と Conners 3 は共に注意欠陥・多動症に関連するアセスメントツールであるが，Conners 3 は DSM-5 に準拠した反抗性挑発症や素行症の症状スケールにもなっている。

D　**感覚プロファイル。**感覚過敏は，強い主観的ないらだちなどが常態になるため，感情のコントロールが難しくなる。感覚プロファイルは感覚過敏の詳細をアセスメントすることが可能である。子どもの行動チェックリストは子どもの不適応行動についてアセスメントができるものである。

以上の理由から，

a，b，c，d は誤りで，正答は　e　となる。

問題 43……正答 b

高ストレス状況下後，集中力・記憶力が低下し始めたケースに関する見立てを問う問題である。ここでは，明らかとなっているストレスによる影響に着目するだけでなく，並行して器質性疾患の鑑別を行ってゆくアセスメント力が臨床心理士には求められる。集中力・記憶力の低下を呈する疾患（あるいは適応の問題）は多数あり，高齢者だけが認知症を発するわけではない。本問では，心理アセスメントにおける柔軟な視点に加えて，Ａさんの今後のキャリア形成も考慮に入れた回答が求められる。

A　**正しい（○）**。持続的な集中力・記憶力などの認知機能の低下に関して，認知症症状を呈する器質的な問題があるかどうかを精査することは見立て上，あるいはBPS（Bio Psycho Social）モデルにもとづいても必須である。Ａさんは高齢者ではないものの，年齢に鑑みて確認をする必要性がある。

B　**誤り（×）**。問題文からは，コミュニティ支援の一つの方法である危機介入としての配置換えが適切かどうか判断はできない。対応の初期段階でＡさんのアセスメントが不十分ななか，配置換えを検討するのは適切でない。また，Ａさんの希望についても明らかではない。

C　**正しい（○）**。Ａさん本人の訴えでも明らかに示されており，さらにはＡさんの経過が休職を繰り返したかつての上長と重なる部分が多いことも認められる。

D　**誤り（×）**。業務自体はＡさん本人の工夫で遂行できている。休職をするとなると，Ａさんのライフ・キャリアの問題や生活の問題，復職の難しさも生じてくる。そのため，休職の必要性の判断は慎重に行う必要がある。対応の初期段階でＡさんのアセスメントが不十分ななか，休職を前提とすることは避けるべきである。

以上の理由から，

a，c，d，eは誤りで，正答は　b　となる。

問題44……正答c

被検者の状態に応じて適切なテスト・バッテリーを施行するためには，各種検査の内容を把握し，適切に使い分けていくことが求められる。認知機能の低下と抑うつ状態が疑われる被検者に対し，選択肢の中からその文章の内容に即して適切な心理検査を選ぶ柔軟性をこの問題で確認している。

心理検査はアルファベットの略語で示されることが多く，さらにはよく専門書などでその名前は目にするものの，実施をしてみないとその実施方法と内容に乖離が生じていることがよくある。初学者においてはそのような傾向が顕著であることが多いため，その点を確認する目的もある。

A　**MMSE-J。**認知機能のスクリーニング検査としては，MMSE-J，HDS-R は両方とも正解であるが，動作性課題が含まれるのは MMSE-J のみである。

B　**CES-D。**うつ状態を把握するためには CES-D も HAM-D も正解であるが，自己記入式のものは CES-D のみである。HAM-D は構造化面接によって判定を行う。

C　**WAIS-IV。**WMS-R は全般的な記憶検査であり，全般的な対処能力をアセスメントすることはできない。WAIS-IV は知能検査であり，業務に対する全般的な対処能力をアセスメントすることに適しているといえる。

D　**SCT。**SCT も HTP も投映法であるが，HTP はより深層，すなわち防衛がしにくい無意識的な側面をアセスメントするための技法である。この２つの中で，より意識的な側面のアセスメントに特化しているのは自己記述式であり，かつ文章による表現を求める SCT となる。

以上の理由から

a，b，d，e は誤りで，正答は　c　となる。

問題 45……正答 e

心理検査の結果をフィードバックしても，本人が納得しきれないことや，その場で新たな疑問や依頼が出てくること，さらには今まで話してこなかった事実や気持ち・考えなどが明らかになることがある。その際に，臨床心理士として柔軟で適切な対応を行ってゆくことが正確な心理アセスメント，ひいては治療的なアプローチにつながってゆく。一方で，医療領域では主治医との連携も重要であるため，主治医の診察に役立つアプローチを行ってゆくことも同様に求められるため，それらのバランス感覚を保つ力も求められる。

A　誤り（×）。心理検査の結果に納得ができないＡさんの感じ方や考えを否定・拒絶する対応である。Ａさんが結果の何が納得できないのか，どのようなことを気にかけているのかを丁寧に確認しながら，必要に応じて心理検査の結果について解説を追加することや，Ａさんの気になること，知りたいことに合わせた新たな心理検査を追加することも検討すべきである。

B　誤り（×）。業務遂行の上で不安を感じているＡさん自身を否定する対応であり，かつその不安の内容も確認していない状況では不適切な判断・対応である。追加の検査は必要ないと言い切ることができない段階でもある。心理アセスメントは常に被検者と協力しながら仮説生成・修正を行ってゆく営みであるため，問題のある対応である。

C　正しい（○）。結果を伝えたのちもＡさんが不安を訴えているということは，フィードバック内容が不十分であったことも示している。Ａさんが気になっている点をあらためて確認し，すでに取ってある心理検査のローデータと照らし合わせて再検討することが適切である。本来は結果を伝えた際に話し合う内容でもあり，Finn, S. E. の治療的アセスメントでいう「アセスメント介入セッション」や「まとめと話し合いのセッション」をしていない状況である。

D　正しい（○）。今回の問題文では，“問題がない”ことまでしか伝えておらず，今後の対処法まで提案はしていない状況になっている。Ａさんが業務を続けてゆく上で不安になる具体的な場面を確認し，その対処を考えてゆくことは，心理アセスメントにおいて重要であり，さらには治療的なアプローチにもなる。

以上の理由から，

a，b，c，dは誤りで，正答は　e　となる。

問題49……正答c

ロールシャッハ・テストの考案者であるRorschach, H.が『精神診断学』の中で提唱したこと（実施方法や分析の視点）に関する基本的な知識を問うものである。ロールシャッハ・テストが空想ではなく知覚の検査であることや，図版を手に持つのが原則であること，体験型や最も多い反応内容など，どのような立場でロールシャッハ・テストを用いていても重要な視点・知識である。

A　誤り（×）。Rorschach, H.は『精神診断学』の中で，「無作為の形の解釈は直接的には空想力の働きと何の関係もない」としており，「むしろ知覚と統覚の概念に属する」と記している。ゆえに，「空想力の検査として考案された」というのは間違いである。

B　正しい（○）。Rorschach, H.は『精神診断学』の中で，「被検者は図版を手に持っているべきであり，伸ばした腕の長さが許される最大限の距離であるべきである」と記している。

C　正しい（○）。Rorschach, H.は『精神診断学』の中で，体験型について触れており，「内向型体験型は運動感覚的反応が優勢である」と述べている。

D　誤り（×）。Rorschach, H.は『精神診断学』の中で，反応内容について触れており，「最も見られることが多い形は動物の形」であると記している。

以上の理由から

a，b，d，eは誤りで，正答は　c　となる。

問題 51……正答 b

セラピストが自己都合で臨床心理面接を継続できない状況が生じた際にとるべき判断と対応に関する問題である。セラピストが卒業や転職，結婚や妊娠・出産などを理由に臨床心理面接を継続できなくなることは，決して珍しいことではない。特に，クライエントにとって分離・別離や喪の作業がテーマになる事例の場合には，慎重に対応することが求められる。このような事態において，臨床心理士がみずからの感情を見つめ，自身との別れがクライエントとの面接に及ぼす影響を考慮しながら，いかに対応するかを理解しておくことは重要な視点である。

a　**誤り（×）**。クライエントに心配や不安，怒り等の感情を喚起させないようにではなく，別れをめぐって喚起した感情についてしっかりと話し合うことが重要である。別れの作業を行うための時間を十分に取ることが求められる。

b　**正しい（○）**。クライエントとの別れにおいては，セラピストの側にも，寂しさや未練などの気持ちが起こるだけでなく，自己都合であれば罪悪感などの感情が生じる。これらの感情を吟味し，気づかないままに引きずられることがないように留意すべきである。

c　**誤り（×）**。別れの事実と面接終了時期を伝えるのは面接の最後ではなく最初が良い。別れを知ったクライエントの反応を捉え，それを面接内で扱うためである。

d　**誤り（×）**。セラピストの都合を理解させるのは一方的な押しつけに近く，クライエントの負担の増大につながる。クライエントの別れの反応を取り扱いながら，今後の面接のあり方について検討することが大切である。

e　**誤り（×）**。クライエントの現状についてのアセスメントを基盤にした上で，終結か引き継ぎかという可能な選択肢について，クライエントときちんと話し合って合意を得ることが重要である。セラピストの判断のみで終結を目指すとなると，クライエントのペースや利益を優先しているからではなく，セラピスト側の思い入れの強さの表れであると見なしうる場合もある。終結を焦ると，クライエントの不安や症状の悪化を招きかねない。

以上の理由から，

a，c，d，eは誤りで，正答は　b　となる。

問題 53……正答 e

臨床心理面接でセラピストの交代（引き継ぎ）がある場合において，セラピスト間での情報共有の方法とそれを踏まえた面接方針の検討の方法に関する出題である。現セラピスト（前任者）と新セラピスト（後任者）は，クライエントとの面接関係のみならず，セラピスト同士の関係性が臨床心理面接に影響することがあることを自覚し，それぞれが自身に生じる思考や情緒に対処することが求められる。

A　誤り（×）。現セラピストが新セラピストの面接方針について注文や要求を行うと，新セラピストは負担を感じたり，自身への不信感があるのではないかと推測したりする。現セラピストの面接方針を踏襲するか，あるいは変更するかの判断を行うのは新セラピストであり，現セラピストの面接方針以外にも，引き継ぎ時点でのクライエントの状態等も含めて総合的に検討すべきことである。そのため，新セラピストが面接をやりやすいように現セラピストは手助けすることが求められる。

B　正しい（○）。同一機関内での引き継ぎであれば，現セラピストの在職中にクライエントと新セラピストが顔合わせを行う機会を設ける。これにより，クライエントと新セラピストとの関係作りが可能になり，そのときクライエントが抱いた印象について，現セラピストとの間で話し合うことができれば，クライエントの不安の軽減や心理的課題の把握にも役立つ。

C　誤り（×）。引き継ぎにおいて，新セラピストはクライエントからセラピスト同士を比較されるだけでなく，みずからの心の中で過去のセラピストに対する競争心や引け目を抱くことによって，過去のセラピストと自分を比べるような態度が生じることになる。つまり，設問文のような態度は，クライエントのためというよりも，セラピスト自身の逆転移と関連しており，セラピストの無意識的な行動化や防衛が生じるおそれがある。自身を省みながら，クライエントとの信頼関係を面接初期に構築していくことが求められる。

D　正しい（○）。引き継いだ情報を新セラピストは頭に入れつつ，自分との面接初期において，クライエントの認識とずれていないかをクライエントに確認し，曖昧な点があればクライエントに直接教えてもらう。このような確認や質問は，クライエントが一から話すことに対する負担や負担感を和らげることにもつながる。

以上の理由から，

a，b，c，dは誤りで，正答は　e　となる。

問題58……正答d

臨床心理学研究はどのようなことを目的として行われるのか，研究法としてはどのような方法が用いられているのか，研究の結果，どのようなことが明らかになっているのか，臨床心理面接の効果の研究に関連する視点に関する問題である。

臨床心理面接に関する研究では，主に面接の過程と効果に焦点を当てて研究がなされており，これらは相互に関連している。臨床心理面接の効果研究においては，実験計画に基づいて介入の有効性を検証する研究と，現実の臨床場面での効果を検証することを目的とした研究とに分けられる。前者は，内的妥当性の検討に優れているのに対し，後者は，実際の治療の場で面接効果に影響を及ぼすと思われるさまざまな要因を合わせて検討している。

心理療法の効果研究は，臨床実践に関する研究を行う上で基礎となる事柄であり，臨床心理士に求められる。

A　誤り（×）。心理療法の実証研究は，効果研究とプロセス研究に大別することができる。効果研究は，特定の介入が，その介入を行わない，あるいは別の介入を行った場合と比較して，どのくらい効果があったかを検証するものである。これに対して，プロセス研究は，心理療法の過程においてどのようにして変容が起きたか，のように面接過程で起きたことについての研究である。したがって，これは適切ではない。

B　正しい（〇）。盲検化とは，バイアスを防ぐために割り付けられた介入が，この研究に関わる者（介入を行う臨床心理士，クライエント，評価者など）にわからないように工夫することである。要因統制研究において，たとえば薬の効果研究のような場合，投薬を行う者もクライエントも，効果を期待する薬か，プラシーボかがわからないようにすることは可能であるが，心理療法においては，セラピストの盲検化は困難である。そこで用いられる工夫として，待機リスト統制法やプラシーボ治療法が挙げられているが，他にも，評価者の盲検化（単盲検化）が用いられる。したがって，これは適切である。

C　誤り（×）。ドードー鳥の評定とは，さまざまな心理療法の技法を超えた共通因子の方が，心理療法の技法の違いといった特異因子よりも優勢であるとする主張である。したがって，これは適切ではない。

D　正しい（〇）。心理療法の介入の有効性を調べる研究では，要因統制研究を行う必要がある。その第１段階で行うのが，介入群と非介入あるいは異なる介入といった対象群を設定し比較することである。したがって，これは適切である。

以上の理由から，

a，b，c，eは誤りで，正答は　d　となる。

問題 62……正答 c

産業領域の臨床心理学的支援においては，シングルセッションとならざるを得ないことも少なくない。このような場合には，具体的にどのように対処すべきかをスピーディかつ的確に判断し，次の対処につなげる必要がある。その際には，心理職が取りうる対応のプランを想定し，その中から優先順位をつけることが求められる。臨床心理士には，クライエントの日常生活の実情やクライエントが所属する職場の実態に合わせて，現場に即した形で最大限に有効な支援をする必要がある。現場にいる場合を想定して，具体的な判断能力を問うことをねらいとしている。

A　誤り（×）。家族の背景や生育歴，学歴などの背景要因を明らかにすることは，あらゆる心理支援において可能であれば把握すべきことであるが，企業の中の相談室の場合，個人情報の取り扱いの問題もあり，これらの詳細を事前に十分に把握できないことがある。そのため，現在の問題に照らして必要に応じて面接の中で確認するが，職場や業務以外の話をすることへの抵抗があることが多いこと，さらに今回はシングルセッションである可能性が高く，問題の原因を深く理解するには時間が不足する可能性があることから，誤りである。

B　正しい（○）。現在起こっている心理面・精神面での問題の状況を精査し，それが業務に対して具体的にどのような支障を及ぼしているのかを確認することは，極めて重要な作業である。心理面・精神面の問題は疾病性に関わることではあるが，疾病そのものを見極めることが重要というよりは，その状態がどの程度現在の仕事の支障となるかという事例性を重視し，問題の深刻度や緊急性を判断し，次の対応につなげる必要がある。

C　正しい（○）。この件に関してこれまで自分で行ったり，あるいは他者や支援機関に相談したりするなど実施した対処について確認することは，クライエントが相談室に来談するまでにどのような対処をしてきたかを個人レベル，組織レベル，外部の支援機関レベルで把握することであり，次の支援を検討するために必要な対応である。

D　**誤り（×）**。安心して話してもらえるように共感的に話を聴くことはすべての心理療法の基本であり，重要である。しかし，話したいことを話したいだけ話してもらうだけであると，こちらから必要な情報を把握できず，次の対処を考えるためのアセスメントができなくなる。また，シングルセッションの可能性が高い場合には，臨床心理士がケースマネジメントを行う必要性が一層高くなるため，このセッションにおいて共感的傾聴に徹するのは，誤りである。

以上の理由から，

a，b，d，eは誤りで，正答は　c　となる。

問題 63……正答 e

働く人のメンタルヘルスを考えるとき，頑張っていて良いと通常であれば評価されることが，メンタルヘルス不調をきたすことにつながる場合には，リスクとなりうる。そのため，頑張っていることの価値は相対化される。この場合は，現状においてクライエントを支援していく際の有効性という視点から価値づけられる。ここでストレングスを確認することができれば，協働関係は結びやすい。

また，一方で，このような有効性は，自信を喪失して来談しているクライエントのエンパワーにもつながるものであることから，どんなに抑うつ的で自信を喪失している状態にあっても，本人のストレングスに光を当てるのは，精神医学とは違った臨床心理学的なアプローチの特徴とも考えられる。

本問は，上記の視点から，現実的にシングルセッションの可能性がある中で，迅速かつ的確に関係性を結び，共同作業をスムーズに展開させるための臨床実践の知識や理解を問うことをねらいとする。

a　誤り（×）。現在の状態が続いても，欠勤しないで仕事を続けていることは，限界を超えて無理をしている状態と言えるため，業務という観点から考えると頑張っていると言えるが，メンタルヘルスという観点からするとセルフケアができていない状況であり，リスクが高い。

b　誤り（×）。同僚や上司に迷惑をかけないようにしていることは，同調圧力により，援助要請ができない状況に陥っているともいえる。職場のメンタルヘルスの状況としては，健全とはいいがたく，組織的な課題を有している状況といえる。

c　誤り（×）。すでにメンタルヘルスが悪化している状況下においては，「自分が甘えているのではないかと感じるし，実際に自分の仕事の仕方が悪いとも思う」というのは，客観性に欠ける自己分析であり，むしろ視野狭窄の中で自己否定感が高まっているとすると，リスクが高い状況にあると言える。したがって，自分の仕事の仕方について，冷静に分析できているというのは，誤りである。

d　誤り（×）。「相談機関には縁がない人間だと思っていたこと」自体は，クライエントのストレングスにつながる可能性があるが，今後，クライエントを支援していくに際しては，被援助者ポジションに対する抵抗を招く可能性があり，これだけが強い状態である場合には，支援の支障となる可能性がある。

e　正しい（○）。来談には抵抗があったにもかかわらず来談したことは，相談機関には縁がない人間だと思っていたというリスクを超えて，必要な援助要請ができるというある意味の健全さが窺われるところである。合理性の高さを示唆するものであり，今後の支援に向けては動機づけの高さにつながるものである。

以上の理由から，

a，b，c，dは誤りで，正答は　e　となる。

問題 64……正答 a

厚生労働省（2009）「改訂 心の健康問題により休業した労働者の職場復帰支援の手引き」によると，職場復帰支援には５つのステップがある。すなわち，「第１ステップ：病気休業開始及び休業中のケア」，「第２ステップ：主治医による職場復帰可能の判断」，「第３ステップ：職場復帰の可否の判断及び職場復帰支援プランの作成」，「第４ステップ：最終的な職場復帰の決定」，「第５ステップ：職場復帰後のフォローアップ」の５つのステップである。事業場内産業保健スタッフの一員の臨床心理士は，各ステップにおいて，どのような支援が求められているのかを把握することが必要である。

この面接では，「第１ステップ：病気休業開始及び休業中のケア」の段階にあると考えられるので，まずは，休業者が安心して静養に専念できることへの支援，および，職場状況や職場復帰に関するしくみ，制度などについての情報提供の支援が求められていることを理解する必要がある。

a　**正しい（○）**。この時期の支援のポイントは，本人を仕事の責任感や罪悪感から解放させて，安心して休養がとれるように配慮することである。本人には安心して療養に専念してもらいたいので，体調回復のために仕事を休むことの必要性について伝えることは，この段階の面接として適切である。

b　**誤り（×）**。これまでの業務の振り返りと今後の営業手法の改善についての話をすることは，心理的負担がかかり，安心して療養に専念することを阻害する可能性があり，この段階の面接としては不適切である。

c　**誤り（×）**。休業中の労働者への連絡方法，頻度，内容については，労働者の病状やその他の状況によって判断すべきある。したがって，本人との連絡方法，頻度，内容などについて相談しないことは，この段階の面接としては不適切である。

d　誤り（×）。ノルマのこなし方に関する本人の課題について話し合うことは，心理的負担がかかり，安心して療養に専念することを阻害する可能性があり，この段階の面接としては不適切である。

e　誤り（×）。この段階での労働者に提供する情報としては，休職に関する就業上の規則や健康保険組合の傷病手当などの説明，復職支援に関する会社のルールなどである。このような情報を提供することによって，休職によって生じる職場復帰や給与などの不安感を軽減でき，労働者は安心して療養できる。したがって，休業の最長期間など，休業に関する就業上の規則などの情報提供をしないことは，この段階の面接としては不適切である。

以上の理由から，

b，c，d，eは誤りで，正答は　a　となる。

問題 65……正答 e

対象関係論を基盤とした，面接におけるセラピストとクライエントの関係性の理解は，臨床心理士の頭に留めておいてほしいモデルの一つである。実際に繰り広げられる対人関係と内的対象関係（内的世界における自己-他者表象のあり方），乳児と養育者の交流，部分対象から全体対象関係への移行，パーソナリティ構造の発達理論から出発した病態水準の考え方など，いずれも重要なものであり，これらの基本的な知識を幅広く確認する問題である。

対象関係論は，実際のやりとりというよりは，精神内界における内的対象の性質，自己表象と対象表象の相互交流のあり方が外的世界の見方を規定するというモデルである。Klein, M. は，親とは分離した自己が最初は部分対象的な世界と交流をして，良い-悪いに分割していたところが，「抑うつポジション」において自己／対象表象を統合していくことの意義を明らかにした。一方，Winnicott, D. W. は母親の環境としての役割を強調した。これらの心的発達をめぐる理論を基盤にして，

Kernberg, O. F. はパーソナリティ構造と心的防衛のあり方をふまえた病態水準論を提出し，これはクライエントのアセスメントにおける一つの重要な視点として，広く受け入れられている。

A　誤り（×）。「相互の実際のやりとりを重視する技法」というのは「対人関係論」の説明である。

B　誤り（×）。「健康な悲哀反応とは異なる自我の貧困化した状態」というのは，Freud, S. による「メランコリー」の説明である。Klein, M. が概念化した「抑うつポジション」は，対象と自己がもつ両面を統合して全体対象関係へと移行する，成熟した対人関係の基礎をなすものである。

C　正しい（○）。「（ひとりの）赤ん坊などというものはない」というWinnicottの有名なフレーズにあるように，母親-乳児というユニットの中に，すなわち母親の供給した心的環境の中に早期の乳児の心は存在している。Winnicottはここでの母親の役割を「ホールディング」（文脈に応じた訳語が複数あるためカタカナ表記とした）と述べた。

D　正しい（○）。Kernbergはクライン派対象関係論の訓練を受けた後に米国に渡り，ボーダーラインの研究を行うとともに，自我心理学と対象関係論の統合を試みた。その過程で病態水準という考え方が生まれた。

以上の理由から，

a，b，c，dは誤りで，正答は　e　となる。

問題66……正答a

医師からの紹介状をふまえつつ，クライエントの来談動機とニーズを明確にし，当該の私設心理相談室で引き受けられるかを吟味することがまず対応の方針となる。どのようなニーズかを十分に把握してから，心理療法を含めた対応を検討・提案するのであって，ここまでの情報から

「葛藤に気づくアプローチが有効」「投映法検査への導入」等の対応方針を立てるのは即断に過ぎる。クライエントの意志を確認しながら相談機関でできることを協働して考えていくのが大切だということは，臨床心理士の基本的な知識でもある。心身症の症状は，自律訓練法などを含む心理療法を通して緩和されうる。また，医師の勧めと紹介状があるということをもって，ただちに心理療法に導入することも不適切である。

a　**正しい（○）**。まずは来談動機と心理療法への期待・ニーズを話し合いながら協働して明らかにし，それに応えられるかを（相談室の資源とも照らして）吟味することは重要である。

b　**誤り（×）**。感情に気づきにくいという心身症の特徴はあるにせよ，いきなり葛藤を避けるということを意識化させるというような関与は時期尚早である。

c　**誤り（×）**。一般的には，身体をめぐる訴えを十分に聴いて信頼関係を形成した後，身体の問題の背景に心理的問題があるかもしれないという認識がクライエントに実感として得られてから検査に導入することが適切である。

d　**誤り（×）**。臨床心理面接により，身体症状の軽減も期待できるので，限定的であるとは言えない。

e　**誤り（×）**。心理療法について丁寧に説明し，適応があることを確認し，見立てを伝え，インフォームド・コンセントの確認をするという一連の手続きをふんでから心理療法を開始する。

以上の理由から，

b，c，d，eは誤りで，正答は　a　となる。

問題67……正答d

心理療法への導入にあたって留意すべきことを，とりわけ心身症のクライエントの場合に即して考えられるかを問う問題である。ラポール形成，心理療法への適応の見立て，面接契約，私設心理相談室での面接継続の前提となる面接料金を誰が払うかという，いずれも重要な問題について適切な理解がなされているかを確認する。

A　誤り（×）。ラポールの形成は心理療法の開始にあたって前提となるものであり，また保証や安心づけについての考え方は学派による違いもあるところでもあるが，クライエントのニーズをきちんと確認することなく，いきなり「不安に焦点をしぼる」ということでは相互信頼を形成することはできない。

B　正しい（○）。継続面接となった場合に面接料金の支払いを安定的にできるかどうかを確認することは，私設心理相談室の運営という点から必須である。それと同時に，クライエントの面接への主体性を形成したり，この事例の場合においては夫婦関係の理解の一助となる可能性もある。

C　正しい（○）。身体症状の背景にあるストレスないし感情に目を向けることができるかは，心理療法への適応があるかどうかを考える重要な材料となる。

D　誤り（×）。身体に集中し，症状を取ることだけに焦点化をすることは，かえって心理療法の行き詰まりを招く可能性がある。

以上の理由から，

a，b，c，eは誤りで，正答は　d　となる。

問題68……正答d

面接の遅刻やキャンセルは，クライエントの心理的な問題の面接関係への反映という視点をもって，心理面接や担当心理士への否定的な感情を含めて話し合うことは必須である。こうした行動化を契機に，面接方針の見直しが検討されることはありうるが，終結，あるいは夫との合同面接への移行の検討は，この経過においては不適切である。

A　誤り（×）。連絡のないキャンセルは，クライエントの行動化の一つとして捉えられ，面接の中で話し合うことが重要である。面接の必要性がなくなったとはただちに捉えられない。

B　正しい（○）。キャンセルの体験を十分に聴き取った上で，場合によっては面接の進め方について再度話し合っていく必要がある。

C　誤り（×）。ここまでの情報では，クライエントに合同面接による実際的な関係調整を求めるようなニーズは確認されない。

D　正しい（○）。面接キャンセルの背景には，両親がそうであったように，面接者も症状の軽快によって自分への関心を撤退させてしまったのではないかというクライエントの不安ないし不信感がある可能性が考えられる。仮説を伝えて話し合うことは有効である。過剰適応的な心身症患者の行動レベルでの情緒表出と捉えることも可能である。

以上の理由から，

a，b，c，eは誤りで，正答は　d　となる。

問題 72……正答 b

学校臨床心理士（スクールカウンセラー）の活動は，大学附属の相談室とは異なり，面接室のみで行えるわけではない。この問題では，スクールカウンセリングにおいてどのような構造が生起しやすいかということについての理解と，それを対象者との関わりにどのように活かせるかということについての理解を問う。すなわち，全体を通じて，対象者であるＡさんの利益を守りながら，どのように安全に関わりを展開できるかに関する理解を問うものである。

A　正しい（○）。学校臨床心理士の目からみて面接相談が必要と思われる場合であっても，授業中の面接実施にはクリアすべき前提がある。授業中の面接実施は，児童生徒本人にとっては授業を受ける機会を失うことも意味する。加えて担任には，この時間は抜けてほしくないがこの時間であれば送り出しやすいなどの考えがある場合も多い。これらの種々の条件を本人・担任からの（状況によっては保護者からも）了承という形でクリアした上で，学校内での面接相談は実施される。

B　**誤り（×）**。臨床心理士としての訓練で身につけた標準的な「枠」はクライエントの表現を保障し臨床心理士を守るものでもある。しかし，学校臨床場面では充分な時間的余裕がなかったり，時程の変更が生じたり，あるいは面接相談に用いることが可能な部屋が日によって異なるという状況もありうる。厳格な「枠」にこだわることよりも，今置かれている状況が面接関係にとってどのような意味を持つのかを検討しながら関わる姿勢が求められる。

C　**正しい（○）**。学校臨床心理士としての活動の中では，面接室の中だけで活動が完結することは少ない。この事例では，落ち着きにくい要因が本人に内在するのみならず，学級内に起因している可能性も考えられる（たとえば，いじめが起こっていたり，落ち着きのない他児や粗暴な他児がいたりするということも考えうる）。このように，学級の様子を把握することは対象者の行動や心情を理解する上でも有効な観点となりうる。

D　**誤り（×）**。選択肢Ｂの解説では，学校臨床心理士の現場では理論通りの「枠」にこだわるよりも，学校現場で子どもと出会う場面全体を，広い意味での治療的構造として活用する必要性について説明したが，Ｄでは「子どもの求めに応じて自由に会う」ことについて問われている。学校臨床心理士は，それが関係促進に役立つとしても子どもの求めにいつも応じなければならないと考える必要はない。むしろ自分自身がその求めに応える力量をどの程度備えているのか吟味して，自身の主体的判断によってどのように応えるかを決めることが望ましい。

以上の理由から，

a，c，d，eは誤りで，正答は　b　となる。

問題73……正答a

臨床心理士として，子どもの遊びをどう理解し，またそこにどう関わるかに関する姿勢や知識は，オーソドックスな面接構造での面接のみならず，学校臨床場面においても求められる資質である。

プレイセラピーの関わりの中では，臨床心理士との関係が深まることで，それまで押さえられていた子どもの甘えや攻撃性が表出されるようになることがある。こうした表出は，子どもの自己表現にとっても重要であるとともに，臨床心理士が自分にどう向き合ってくれるかを試す意味合いもある。また，その際には臨床心理士自身が抱く反応もクライエント理解の大切な素材となる。プレイセラピーにおける攻撃性には被虐待体験に起因する再演としての攻撃性も含まれるが，そうした可能性を念頭に置きつつも，面接関係の中で生じた表現として理解する姿勢が求められる。

学校臨床場面で子どもの心の表現をいかに理解し働きかけられるかについて，ときに校内連携も視野に入れつつ適切に判断できるかを問うことが，本題の出題意図である。

A　正しい（○）。プレイセラピーに限らず心理療法やカウンセリングにおいては，言葉になることだけでなく，クライエントとセラピストの間で間主観的に体験された事柄が面接を理解する上で重要な手がかりとなる。

B　正しい（○）。どの程度の言語化が必要かについては立場によって諸説ある。しかし，セラピーで何が起こっているかをその場で，あるいは関係者との間で，ある程度言語化できる力がプレイセラピストには求められる。

C　誤り（×）。虐待が疑われる場合には児童虐待防止法の第6条に基づく対応が求められる。また，激しいアグレッションを示す遊びの意味することとして，被虐待児の示す虐待場面の再演の可能性がある。ただし，ADHD児の示す衝動性からくる遊びの可能性や，治療関係が深まる中で関係の確認のために登場してくるアグレッションの表現の可能性もあるため，遊びの質を慎重に見極めた上で通告の相談を学校管理職に諮るのが現実的な姿勢といえる。

D　誤り（×）。心理臨床面接において，クライエントの言うことと周囲の人々の言うことが食い違うことがある。この際に大切なのは，どちらが正しいかと「事実」を争うことよりも，クライエントの訴えを「心的現実」として受けとめて，クライエントの内的世界を理解しようと努めることである。それとともに，クライエントの訴えばかりを重視するのではなく，周囲の人々の思いも尊重する姿勢が求められる。

以上の理由から，

b，c，d，eは誤りで，正答は　a　となる。

問題 74……正答b

学校臨床の場面では，守秘義務と報告義務の兼ね合い，対象者に関わると同時に担任らをコンサルテーション等で支援する上での倫理的葛藤，当該の校内で面接相談を継続することの妥当性に関する専門家としての判断と見通しなど，面接相談の実施に関する種々の判断を迫られることが多い。ゆえにこの問題では，面接相談の実施と学校に対する支援を両立させつつ，ときに校外の関係機関との連携を視野に入れることができるかに関する基本的な姿勢を問うている。

A　正しい（○）。校内の教職員にはいろいろな人がいて，対象者との関わりの程度も自ずと異なる。カウンセリングやプレイセラピーの実施頻度，実施場所などの大枠については情報共有しておくことで面接環境が安定すると考えられるが，セラピーで展開していることについては，担任や養護教諭，コーディネーターなどに要点を絞って伝えるようにするのが，守秘義務と報告義務の兼ね合いとしては妥当である。

B　誤り（×）。子どもの面接であっても，インフォームド・コンセントにおいて守秘の範囲について適切に，相手に理解できる言葉で扱っておくことが大切である。学校臨床心理士は自傷他害や虐待が疑われる場合の報告義務を負うとともに，子どもとの面接相談の方針等についても情報共有を行うことが求められる。自分の知らないところで情報共有が行われていたことが後になって露呈することは，子どもが今後に同種の心理的支援を受ける際の妨げにもなりかねない。守れる秘密には限度があること，それでも何を教員に伝えるかは状況によって子どもと共に考える用意があることなどを，初回や節目において伝えるのが適切である。

C　正しい（○）。学校臨床心理士として関われる期間には通常制限がある。また，学校という場では緊急性の高い事例への対応が優先されることもあるため，安定した面接構造の中で児童生徒や保護者と関わることはときに困難をはらむ。対象者の抱える心的課題の性質や，面接に取り組むために必要となる構造の安定性，あるいは校内体制との兼ね合いなどで，外部の有料相談室や公的な教育センターなどにリファーすることも対象者の利益を守る上で大切な判断となる。

D　誤り（×）。プレイセラピーやカウンセリングの中での出来事をすべて担任等に伝えてしまうと，子どもとの信頼関係が損なわれることに繋がりかねない。その意味で，情報共有の際には慎重な姿勢が求められる。しかし，学校では児童生徒の指導に最終的に責任を負うのは担任や学校長であり，安心・信頼して児童生徒を託してもらうためにも，その後の指導に活かしてもらうためにも，見立てや今後の関わり方の指針等の情報共有を行うことは必要である。

以上の理由から，

a，c，d，eは誤りで，正答は　b　となる。

問題 78……正答 b

認知行動療法のアセスメント面接に関する問題である。

アセスメントのために聴き取る情報は，主訴や現病歴，現在の生活の状況や生育歴など，他の心理療法とも共通するものが多い。ただし，得られた情報を，クライエントのスキーマを理解するために用いるなど，情報を認知療法・認知行動療法独自の視点から理解する側面もある。

最初の面接では，アセスメントやクライエントとの関係作りが中心となるため，積極的には，認知再構成などの介入は行われない。

A　正しい（○）。生育歴を聴取する理由の一つは，クライエントを理解する上で，成長過程における経験が現在の問題にどう関与しているかを検討することが欠かせないためである。認知行動療法（特に認知療法）では，成長過程の経験に影響を受けてスキーマが形成され，そのスキーマが現在の問題に影響を及ぼしていると理解する。

B　誤り（×）。介入方法の一つである認知再構成法において，セラピストがクライエントに否定的な思考の根拠や反証を尋ねることで，適応的な思考を産出する助けにしようとする。ただし，通常，最初のアセスメントの段階では，このような介入は求められない。

C　正しい（○）。心理療法を受けた経験がある場合には，アセスメントでそのことについて尋ねておくことが求められる。何をターゲットとしてどのような治療を行ったか，役に立った点，よくなかった点などを聞いておく。それは治療を行う上で有用な情報になり，治療歴は予後の指標となることがある。

D　誤り（×）。中核信念（スキーマと呼ばれることもある）について，セラピストは治療初期から念頭におくことが求められるが，クライエントとの間で直接扱うのは，一般的に治療中期以降となる（基本的に治療初期には扱わない）。特に，中核信念（スキーマ）を明らかにする手法の一つである下向き矢印法を用いるのは，良好な治療関係が確立してからであるとも言われている。

以上の理由から，

a，c，d，eは誤りで，正答は　b　となる。

問題 79……正答 d

認知行動療法において用いられる技法に関する問題である。

抑うつに対する認知行動療法では一般に，行動活性化と認知再構成が用いられることが多く，必要に応じて問題解決法などが導入される。実際には，得られた情報に基づいてアセスメントを行い，目標を設け，その上で技法を用いることになるため，早い段階で考えていた技法と異なるものを用いる場合もあるが，それでも基本的な知識として症状に応じて用いられる技法を知っておくことは，臨床実践の上で有用である。

A　誤り（×）。系統的脱感作法は，Wolpe, J. によって行動療法の創成期に開発された，レスポンデント条件づけに基づいて不安や恐怖を改善する行動療法の治療法である。

B　正しい（○）。うつ病における，治療初期の重要な目標の一つが，日常生活における活動を活発化させることである。活動が不活発となったままであることが，抑うつ気分の持続に寄与している可能性がある。近年では，治療初期に行動活性化を試みることが推奨されている。

C　誤り（×）。曝露反応妨害法は，強迫性障害に効果のある治療法として確立されたものである。

D　正しい（○）。認知行動療法では，考え方を見直すのではなく，その問題自体を解決することが望ましいと考えられる場合には，そこに具体的に取り組むこととなる。問題解決法（問題解決，問題解決技法と呼ばれることもある）はそのための技法の一つである。Aさんの場合，残業を減らすことを課題と捉えているようであり，周囲からも残業の多さの指摘があるため，面接の中で，具体的に残業をどう減らすかを検討する可能性が高く，現時点で，この技法を用いると考えることは妥当である。また，うつ病治療のパッケージに組み込まれていることも多い。

以上の理由から，

a，b，c，eは誤りで，正答は　d　となる。

問題80……正答 e

認知行動療法の実践において，否定的なフィードバックがクライエントから発せられたときの対応に関する問題である。それが，希死念慮であったり，治療や治療者への陰性感情等に関わる内容であったりする場合には，優先して取り扱うことが推奨されている。そのときのアジェンダから外れる内容であったとしても，「既に決めたアジェンダを十分に扱えない可能性もあるが，重要なことであるから優先して扱う」旨を共有した後に，それらを扱うことが望ましい。

毎回のセッションは，認知行動療法のやり方で構造化して進めるが，その中で何を優先し，どう柔軟に対応するかは，クライエントとの関係の維持や促進，治療を有効に行う上でも重要である。これらのことを理解し身につけておくことは，臨床心理士の実践に役立つと考えられる。

A　誤り（×）。「治療における優先事項」として，セッション内でクライエント（あるいは患者）より「治療や治療者に対する陰性感情」が話題に上がった場合は，マニュアルの進行度によらず，優先して話し合うことを検討することとなっている。また，治療や治療者に対して否定的な反応があった場合には，まず何が問題であり，それがクライエントにとってどういうことなのかを理解することが必要である。

B　誤り（×）。認知行動療法では「ポジティブ・シンキング」を重視しているわけではなく，その思考（認知）が証拠の現実的な評価に基づいていたものであることを重視しており，CBT の目標は，クライエントが「現実的に」自分の思考を評価できるように援助することである。

C　正しい（○）。「治療における優先事項」として，セッション内でクライエントより「治療や治療者に対する陰性感情」が話題に上がった場合は，マニュアルの進行度によらず，優先して話し合うことを検討することとなっている。また，治療や治療者に対して否定的な反応があった場合には，まず何が問題であり，それがクライエントにとってどういうことなのかを理解することが必要である。

D　正しい（○）。クライエントからフィードバックがあったときには，それが否定的なものであっても，それに対して正の強化子となる反応（謝意や「それを伝えてくれてよかった」など）を返すなど，クライエントからのフィードバックを促すように心がける。率直なフィードバックは，治療者とクライエントとの治療関係を維持し，治療の内容を改善するなど，治療において有用である。

以上の理由から，

a，b，c，dは誤りで，正答は　e　となる。

問題 87……正答 c

わが国は地震や風水害等，自然災害の極めて多い国である。災害支援・心のケアについての問題である。

A　誤り（×）。被災した子どものこれらの反応は，過酷な現状へ対処するための防衛的反応の一つ，「退行」として理解することが重要であり，周囲の大人が落ち着いて受け止めることで，ほとんどの場合は時間とともに回復することが知られている。

B　正しい（○）。災害による親しい人との別れや，住み慣れた町を離れることを余儀なくされる等，生活の大きな変化は，高齢者にとって，心身への影響は大きく，新しい環境になじんでいくには大変な時間と力が必要である。散歩や地域の集まりに参加するなど，人との交流は大きな助けになる。

C　正しい（○）。災害支援に当たっている人々の中には，自らが被災者でありながら支援活動に携わっている場合も多くみられる。また，被災地外からの支援者も，災害体験を被災者から聴く過程や悲惨な状況を目撃することによって精神的打撃を受け，こころや身体にさまざまなストレス反応がでることがある。

D　誤り（×）。サイコロジカル・ファーストエイドは，被災者に負担をかけない共感的な態度によって，情緒的に圧倒され取り乱している被災者を落ち着かせ，被災者が物心両面において安心できるように支援することを目的としている。

以上の理由から，

a，b，d，eは誤りで，正答は　c　となる。

問題88……正答e

不登校の児童生徒に対して，学校の教員が家庭訪問をすることは，非常に重要な取り組みである。学校臨床心理士が，教員の家庭訪問をサポートする上での基本的な留意点に関する知識を問う問題である。

A　誤り（×）。虐待防止の観点から，「不登校が長期化している場合には，児童生徒本人の身の安全を確認するために，本人と会わなければならない」という考え方が強まっている。しかし一方で，本人の意向を尊重しない形での訪問と面会が，かえって不登校状態を強めてしまうことも多く見られている。家庭訪問した担任に本人が会うかどうかについては，本人の意向を尊重することが重要である。

B　正しい（○）。Ａさんは教員の目から見て「頑張り屋」である。２学期に入ってからの急激な落ち込みは，背景などについて検討する余地は残るものの，少なくとも，一過的に抑うつ的になっていることも考えられる。担任をはじめ，他者との関係を持つことを辛く感じることもあり，それは状態を悪化させる可能性があるため，短時間の関わりでもよいと考えて訪問することが望ましい。また，一般的に言って，家庭訪問は，訪問される側にとって侵襲的な側面を持つため，短時間の訪問の方が良い場合は多い。

C　**誤り（×）**。不登校の児童生徒に学習機会を保障することは重要ではある。しかし，Aさんのように，もともとは学力が十分であったにもかかわらず，現時点で，学習への「気がかり」が学習への「とらわれ」のようになっている場合には，学習を促すと受け取られ，学校との関係を遠ざけてしまう可能性がある。本人のペースを尊重した働きかけが望ましい。

D　**正しい（○）**。学校に出られなくなっているAさんが日々どんな時間を過ごしているのか，教員の家庭訪問がどのように受けとめられるのかについて想像しつつ訪問することが重要である。Aさんは「学校に行けていないことを責められる，早く登校を再開するように呼び掛けられる」と予測して身構えているかもしれない。そこで，家庭訪問では，Aさんのことを気にかけていることを伝えつつ，雑談的なやりとり，特に本人が日々の中で楽しめている活動についても積極的に話題にすることで，本人の今の状況を受けとめ，本人のプレッシャーを軽減する工夫が望まれる。

以上の理由から，

a，b，c，dは誤りで，正答は　e　となる。

問題89……正答d

「ゲーム依存」のような，一見すると「疾患や障がい」と見られる事象が現れた際に，その「リスク」と「可能性」の双方に目を向ける態度を取ることができるかどうかを問う問題である。

A　**誤り（×）**。DSM-5の「インターネットゲーム障害」も，ICD11の「ゲーム障害」も，診断の基準は「12カ月」となっている（重篤な場合にはもっと短い場合もあり得る，としているが）。A君の場合は，夏休みから２学期半ば過ぎのことであるので，まず，診断としてゲーム障害にはあたらない可能性が高い。この段階では，A君がゲームに嗜癖的にとらわれていることのリスクに目を向けつつも，「母親が，どのような不安を抱えているのか」の全体像を理解することが大切であり，初回から医療機関を紹介することはゲームに問題を焦点化しすぎてしまう可能性がある。

B　正しい（○）。思春期の「内閉神経症」的な不登校は，「さなぎの時期」として考えることができ，その時期に，「心の窓」として治療者とつながることが重要であると言われている。ここでつながっていく対象は，治療者だけでなく，家族，学校関係者や友人など，多様な対象が考えられる。オンラインゲームにおけるつながりが「心の窓」として機能している可能性も否定できない。オンラインの人間関係の「リスク」にも目を向けながら，「可能性」についても話題にすることは大切である。

C　正しい（○）。保護者との面接の重要なポイントとして，見立てのための正確な情報の聴取がある。嗜癖関連の訴えがある場合には，正確な事実関係を把握することが，A君本人や家族関係の全体像を把握する上でも必要になる。一日にどの程度の時間を費やしていて，そのことをめぐって家族などとどのようなやり取りになっているのかを聞いていくことで，場合によっては保護者の持つ不安のあり方も了解していくことができる場合もある。

D　誤り（×）。「ゲーム依存」のような，特定の疾患名を強く訴える保護者は，強い不安に駆られている場合が多い。しかし，保護者の不安それ自体に焦点を合わせすぎてしまうと，保護者の来談への抵抗を引き出してしまう可能性も高い。まずは，本人の行動上の問題と，それにまつわる保護者の不安と，双方に目配りしつつ，面接関係を継続することが望まれる。

以上の理由から，

a，b，c，eは誤りで，正答は　d　となる。

問題 91……正答 e

障害者の就労支援における重要な概念として，障害者雇用促進法に規定されている合理的配慮の義務づけ，差別的取り扱いの禁止があり，臨床心理士においてもこれらについて正しく理解することが必要である。また，障害者の就労を支援するサービスや施設として，就労移行支援サービス，就労継続支援施設についての理解も，支援において重要となる。産業領域で活動する臨床心理士のみならず，医療領域や福祉領域で活動する臨床心理士にとっても重要な知識と言える。

A　誤り（×）。障害者雇用促進法では，事業主に対して一定の割合以上で障害者を従業員として常時雇用することは，「努力義務」ではなく「義務」として定められている。

B　誤り（×）。合理的配慮は，障害者からの申し出によって始まり，その後障害者と事業主との話し合いによって，具体的な配慮が確定される。したがって，障害者の申し出を受ける前に事業主があらかじめ配慮を検討するものではない。

C　正しい（○）。就労移行支援サービスとは，通常の事業場への就労を希望する障害者に対して，就労スキルの獲得から就職までのサポートを行う支援である。

D　正しい（○）。通常の事業場での就労が困難な障害者に対する就労施設を就労継続支援施設と呼び，雇用契約に基づく就労が可能なA型と，雇用契約に基づく就労が困難なB型がある。

以上の理由から，

a，b，c，dは誤りで，正答は　e　となる。

問題 95……正答 b

非行を犯した未成年者に対する保護処分の具体的内容を問う問題であ

る。

A　**正しい（○）**。少年院送致，児童自立支援施設あるいは児童養護施設送致，保護観察が保護処分に当たる。

B　**誤り（×）**。家庭裁判所調査官による教育指導や心理支援は，「保護的措置・教育的措置」ではあるが，保護処分ではない。

C　**正しい（○）**。少年院送致，児童自立支援施設あるいは児童養護施設送致，保護観察が保護処分に当たる。

D　**誤り（×）**。検察官送致は未成年者を成人と同様の裁判手続きに付すものであり，保護処分ではない。

以上の理由から，

a，c，d，eは誤りで，正答は　b　となる。

問題 96……正答 c

少年事件における少年保護制度に関して，14 歳未満の触法少年と 14 歳以上の犯罪少年との相違点についての理解の程度を問う問題である。平成 12 年の少年法改正により刑事処分可能年齢が引き下げられ，平成 19 年では触法少年に係る事件の調査手続きが整備され，少年院送致の下限年齢が引き下げられている。

a　**誤り（×）**。Bさんは刑罰法令に触れる行為（窃盗，傷害）をしているので，ぐ犯少年ではない。また，13 歳であった場合，触法少年ということになる。

b　**誤り（×）**。触法少年については，都道府県知事または児童相談所から送致されたときに限り，家庭裁判所は審判に付すことができる。したがって，警察官はまず児童相談所に通告する（児童福祉機関先議）。平成 19 年の少年法改正により，一定の重大な触法行為（傷害致死事件は該当する）を行った少年について警察官から送致を受けた都道府県知事または児童相談所長は，原則として，事件を家庭裁判所に送致しなければならないとされているが，児童福祉機関先議主義を否定するものではなく，犯罪少年の場合のように，警察官が検察官に事件を送致することはない。

c　**正しい（○）**。14 歳であれば犯罪少年である。犯罪少年については，警察官は，罰金以下の刑に当たる犯罪の被疑事件は家庭裁判所に送致し，それ以外の刑に当たる犯罪の被疑事件（窃盗も傷害もこちらに該当）は検察官に送致する。検察官は，少年の被疑事件については家庭裁判所に送致することが義務付けられている（全件送致主義）。

d　**誤り（×）**。平成 19 年の少年法改正により，14 歳に満たない少年に係る事件についても，特に必要と認める場合に限り，少年院送致が可能となった。少年院送致の下限年齢は，少年院法により，おおむね 12 歳以上とされている。

e　**誤り（×）**。現行の少年法には，検察官送致決定が許される少年の年齢についての規定はない。そのため，少年に対して刑事責任を問うことができる犯行時 14 歳以上の場合であれば，検察官送致決定をなし得るとされている。

以上の理由から，

a，b，d，eは誤りで，正答は　c　となる。

問題 98……正答 c

少年事件について，年齢や非行の内容による扱いに関する基礎知識を問う問題である。平成 12 年の少年法改正により導入された，いわゆる「原則逆送制度」は，法律家や非行少年の指導に携わる専門家のみならず，社会一般にも広く知られている制度である。

a　**誤り（×）**。傷害の程度が軽くても犯罪であるので，B さんは犯罪少年であり，ぐ犯少年ではない。犯罪少年については，警察官は，罰金以下の刑に当たる犯罪の被疑事件は家庭裁判所に送致し，それ以外の刑に当たる犯罪の被疑事件（傷害事件はこちらに該当）

は検察官に送致することになっているので，児童相談所に通告することはない。

b　**誤り（×）**。旧少年法では，まず検察官が刑事裁判所に起訴するか否かを判断した上，起訴しないものの中から少年審判所に送致するという検察官先議の建前をとったが，現行の少年法では，すべての事件は，まず家庭裁判所に送致され（全件送致），保護に親しまない例外的な場合に限って検察官に送り返されることとなった。

c　**正しい（○）**。少年鑑別所では，家庭裁判所の求めに応じて審判鑑別を行っている。鑑別の結果（鑑別結果通知書）は家庭裁判所に送付され，審判の資料となる。また，保護観察や少年院送致の決定がなされた場合には，それぞれに送付され，処遇の参考にされる。

d　**誤り（×）**。少年法第 20 条第２項の「家庭裁判所は，故意の犯罪行為により被害者を死亡させた罪の事件であつて，その罪を犯すとき 16 歳以上の少年に係るものについては，検察官送致の決定をしなければならない」という規定がいわゆる「原則逆送制度」の規定である。また，第 20 条第２項ただし書きにより，保護処分の余地もあるので，家庭裁判所の審判を経ずに地方裁判所で裁判を受けるということはない。

e　**誤り（×）**。原則逆送制度の対象は犯行時 16 歳以上であるが，刑事処分相当の検察官送致決定をするための要件は，①犯行時に 14 歳以上であること，②事件が死刑，懲役または禁錮以上の罪に当たること（傷害致死は該当），③罪質および情状に照らして刑事処分が相当であると認められることであるので，B さんが 15 歳の場合，検察官送致となる可能性はある。

以上の理由から，

a，b，d，e は誤りで，正答は　c　となる。

令和４年度試験問題の正答と解説

問題２……正答ａ

発達障害，特に自閉スペクトラム症の心理的支援ニーズは，医療・教育・福祉領域を中心として，年々高まっているものと考えられる。心の理論の障害は，自閉スペクトラム症の中核的障害であり，発達早期において共同注意の問題があると考えられている。つまり，心の理論・共同注意・自閉スペクトラム症の関係性を理解することは，自閉スペクトラム症の早期発見を促すことにつながるものと考えられる。

近年，自閉スペクトラム症は超早期療育によって，中核症状の一つである社会的コミュニケーションの障害（社会性の問題）が軽減できる可能性が示されており，早期発見の重要性が明らかとなっている。このような観点から，医療・教育・福祉領域等で働く臨床心理士にとって当該問題の知識は必須と考えられる。自閉スペクトラム症の特性の理解を問う良問である。

Ａ　**心の理論**。心の理論とは，他者の信念，感情等の基本的精神状態を理解するための知識や認知的枠組みを指す。シェマとは，認識の枠組みという意味合いで使用される Piaget, J. の用語である。

Ｂ　**誤信念課題**。サリーとアンの課題とは，心の理論の存在を確認するための誤信念課題である。３つ山課題とは，Piaget, J. らが他者の視点を理解する能力の発達を調べるために使用した実験法である。

Ｃ　**共同注意**。共同注意は，心の理論を発達させていく上で，重要な役割を果たすことが指摘されている。保存の概念は，Piaget, J. によって提唱された概念であり，対象の形や状態を変形させても，対象の数量といった性質は変化しないという概念のことであり，文脈にそぐわない。

D　**自閉スペクトラム症**。心の理論に障害を持つことが想定されている自閉スペクトラム症児では，共同注意の成立に困難がみられることが指摘されている。

以上の理由から，

b，c，d，eは誤りで，正答は　a　となる。

問題５……正答 a

人間が推論を行うパターンは，生活の中のどのような場面においても重要な行為である。臨床場面においても教育場面においても，目の前にある情報から推論を行うことは欠かせない。そして，心理学において推論に伴う多くのバイアスについても明らかにされてきた。この問いは，推論の基本的な知識を問うものである。

A　**演繹的推論**。前提となる情報が正しい場合に，そこから論理的に結論を導くことを演繹的推論という。

B　**帰納的推論**。観察事象に基づいて原因や法則性を導き出すことは，帰納的推論という。

C　**ヒューリスティック**。正しいとは限らないが，多くの場合に適切な回答を与えるような推論のことをヒューリスティックという。

D　**確証バイアス**。仮説を検証するような場面において，仮説を確証する情報ばかりに目を向け，反証を軽視する傾向は確証バイアスと呼ばれている。

以上の理由から，

b，c，d，eは誤りで，正答は　a　となる。

問題９……正答 c

Eysenck, H. J. のパーソナリティ階層構造モデルは，生物学的基盤と環境要因が相互に影響をしあってパーソナリティが形成されていくという考え方や，日常的な行動レベルでの習慣が個人の特性やパーソナリティ類型に収束されていくプロセスを描き出しているという点で，臨床場面でのクライエント理解に役立てられる理論である。

A **特殊反応**。Eysenck, H. J. は，階層構造の一番下に位置し，日常場面で現れる特定の行動を「特殊反応」と呼んでいる。訳語として特定反応と訳されている場合もある。

B **習慣反応**。Eysenck, H. J. によれば，「習慣反応」とは，さまざまな状況下で現れる特定の反応の繰り返しを意味しており，特殊反応の上に位置する。

C **特性**。Eysenck, H. J. は，習慣的反応の集まりを「特性」とした。たとえば，パーティにいつも参加している人，多くの友人がいる人，ゴルフなど何人かがあつまって行う余暇に参加する習慣を持つ人を，「社交性」という特性を持つとみなす。

D **類型**。Eysenck, H. J. によれば，「類型」は階層構造の一番上にあり，多くの特性が相互に関連しあって生み出される一般的な行動パターンである。

以上の理由から，

a，b，d，e は誤りで，正答は　c　となる。

問題 11……正答 a

Selye, H. のストレス学説（汎適応症候群）およびホルモン分泌に関する基本的な知識（ストレスホルモンと呼ばれるコルチゾールの分泌に関わる HPA 軸）を問う。どちらも心理臨床家にとっては必須の知識と思われる。心身症の支援やストレス対応に携わる，医療領域や産業領域の臨床心理士にとっては習得すべき知識である。

A **警告反応期**。Selye, H. のモデル（全身適応症候群）では，ストレッサー暴露に伴い，まずストレスに対する急性反応が生じる警告反応期（ショック相と抗ショック相から成る）が訪れる。抵抗力が高まる抵抗期はその後に来る。ホルモン分泌は警告反応期の抗ショック期に盛んになる。

B　**下垂体。**ホルモン分泌は視床下部と下垂体（前葉，後葉）により制御される。扁桃体はホルモンの一つであるコルチゾールの分泌には関わるが，ここでは「ホルモン全般」の制御に関して問うているために，正解は下垂体となる。

C　**HPA 軸。**問題箇所のすぐ後に，「副腎皮質から……」とあるために，答えはHPA 軸（Hypothalamic 視床下部-Pituitary 下垂体-Adrenal 副腎 axis）となる。HPT 軸のTは甲状腺を示し，甲状腺ホルモンの産生に関わる。

D　**ネガティブフィードバック。**コルチゾールの分泌量が増加すると，分泌を促進するホルモンの分泌量がフィードバックループを介して低下し，結果としてコルチゾールの分泌量が低下する。ホルモン産生を低下させる制御仕様はネガティブフィードバック（負のフィードバック）と呼ばれている。

以上の理由から，

b，c，d，eは誤りで，正答は　a　となる。

問題 12……正答 e

質的研究法について問う問題である。質的研究法は，それまでの量的アプローチでは分析が困難な，人，集団，文化などの複雑な対象の分析を行うために発展してきた。エスノグラフィーは，ある文化を持つ集団の特性を明らかにするために，内部の当事者の視点から研究を行う方法である。グラウンデッド・セオリー・アプローチは，面接や観察から得られたデータを切片化してコーディングし，それらを比較検討することによって，いくつかのカテゴリーを生成して理論の形成を行うものである。また，アクション・リサーチは，研究者がフィールドに対して働きかけを行い，その変化をもとによりよい変化を目指す実践研究である。

これらの質的研究法は，人や集団の包括的な理解のための理論的な手段を与えるものである。臨床場面において，対象者の主観的世界を重視しつつ，客観的な分析を行うために，質的研究法に関する知見が求められる。

a　**誤り（×）**。事例研究の目的は，①事例の特殊性や個別性に焦点をあて，個性記述を目指す，②個性記述を通して普遍性や一般性を導き出す，ことである。したがって，一般化も事例研究の目的となる。

b　**誤り（×）**。エスノグラフィーは，参与観察法，面接法，文献収集など，複数のデータ収集方法を組み合わせた手法を用いて行われる。ランダムサンプリングは，調査研究や実験研究で実施される。

c　**誤り（×）**。1枚のカードに一つの主題を書き出し，多数の情報からカテゴリーの抽出を行うのは，KJ 法である。

d　**誤り（×）**。グラウンデッド・セオリーは，あらかじめ定義されたカテゴリーを用いるのではなく，データから意味あるカテゴリーを生成する。

e　**正解（○）**。アクション・リサーチは，フィールドに参加し，フィールドに働きかけを行う研究手法である。

以上の理由から，

a，b，c，dは誤りで，正答は　e　となる。

問題 16……正答 d

日常的な社会的認知の特徴に関する問題である。態度形成は，情報をよく吟味して行われないこと（ヒューリスティクス）が多いことが近年よく知られている。情報がよく吟味されるのは，認知の容量が十分あるとき，動機づけが高いときなどに限られている。臨床心理士がこの傾向について理解していることで，対象者の対人認知のあり方を理解する一助となる。

A　誤り（×）。対人認知を含む日常生活における多くの場合の判断や意思決定は，すべての情報を十分吟味した正確なものではなく，簡略化された推論・判断の方法をとっており，これはヒューリスティクスとよばれる。

B　正しい（○）。対人認知の初期の段階では，情報処理の初期の段階で判断対象の人物に対して，カテゴリー情報を用いた認知がほぼ自動的に生じる。このカテゴリー情報とは，ステレオタイプであり，特定の集団カテゴリーに付与された知識や信念である。

C　誤り（×）。原因を帰属する際に人は，状況的影響といった外的要因に帰属するよりも，個人的・特性的要因といった内的要因に帰属する傾向がある。これを根本帰属の誤りとよぶ。人が原因帰属をする際には，すべての情報を吟味するわけではなく，ある程度直感的に原因帰属を行うことを示している。

D　正しい（○）。人の行動等の原因を推論する際に，Kelly, H. H. は共変モデルを用いた。このモデルでは，出来事の生起と共変する要因を，3つの要因（人，実体，時間／状況）のいずれが原因であるか，システマティックに検討することで推論する。

以上の理由から，

a，b，c，eは誤りで，正答は　d　となる。

問題19……正答a

自分について意識を向け，理解していく自己理解は，生涯にわたって発達していく。臨床心理士が扱う概念として，自己肯定感（セルフ・エスティーム）や自己感は外すことができない。どのように自己理解が進んでいくのかについて，発達的視点をもって知っておく必要があるだろう。まず，身体的に自分の知覚を通じて自己を知ることに端を発し，自分がどういう人なのかという内省的に自己について考えていく道筋について理解しておきたい。

A　**正しい（○）**。子どもは，生後間もなく，自分の身体を発見することによって自分という領域に気づくようになる。それは，原初的な自己理解と言える。自分の身体にもたらされる感覚によって，自分の身体がどこからどこまでなのかを理解し，輪郭を知っていく。身体による自己感覚は，生涯にわたって，自己意識の基盤となる。

B　**正しい（○）**。Lewis, M. によれば，１歳半頃に客体的自己意識が獲得されると，照れという感情が生まれる。自分の行動が他者にどう見られているのかがわかって，照れが出現すると言える。

C　**誤り（×）**。自分と他者の内的世界を共有することに気づくには，共同注意の成立が必要である。共同注意は，生後９カ月頃に示される。

D　**誤り（×）**。気づかれぬように子どもの鼻に口紅をつけた後，子どもに鏡を見せて，その反応を検討する「ルージュ課題」で，自分の鼻を触る反応，つまり鏡像が自分だと認知するのは，２歳前後で成立すると言われている。

以上の理由から，

b，c，d，eは誤りで，正答は　a　となる。

問題 23……正答 b

ロールシャッハ・テストは，詳細なパーソナリティのアセスメントや病態の判断に使用される投映法の心理検査である。本問は，ロールシャッハ・テストの結果を適切に解釈するための基本的な知識を問う問題である。心理検査の結果の適切な解釈を行うための知識や技能は，臨床心理士が有しておくべき基本的な要件である。量的な基準をただ暗記するのではなく，使用される図版の特徴を念頭に置いた上で数量的解釈を行うことは，心理アセスメントを実践的に活用する上で非常に役立つことである。本問は，特に感情・情動の特徴の解釈に焦点をあてている。

A　**消極的・回避的**。Ⅷ～Ⅹの多色彩図版への反応割合の少なさは，情緒的刺激の回避傾向を示すとされる。片口法では，Ⅷ＋Ⅸ＋Ⅹ/R≦25％であれば情緒的刺激に反応することに対して消極的・回避的であるとされ，包括システムでは，Afr（＝Ⅷ＋Ⅸ＋Ⅹ図版の反応数/Ⅰ～Ⅶ図版の反応数）<0.44であれば感情的な刺激を避ける傾向が非常に強いとされている。事例は，R＝24（Ⅰ～Ⅶ図版で各３反応，Ⅷ～Ⅹ図版で各１反応）であり，Ⅷ＋Ⅸ＋Ⅹ/R＝3/24＝12.5％，Afr＝3/21＝0.14であり，両方低い。よって，消極的・回避的が正解である。

B　**される**。思考活動・想像力と密接な関係があると想定されるロールシャッハ変数は人間運動反応Ｍであり，事例ではⅡ・Ⅲ図版で生じている。Ⅱ・Ⅲ図版は赤い色彩の入った図版であり，怒りなどの強い感情を誘発する場面として想定されている。よって，喚起されるが正解である。

C　**低下**。認知の適切さを示す指標は形態水準であるが，Ⅱ・Ⅲ図版など強い情動を喚起された場面では，形態水準は片口法ではすべて±，包括システムではすべてｕであるのに対して，逆の強い情緒的刺激を喚起されない無彩色図版では，反応が18（Ⅰ・Ⅳ～Ⅶ図版）でＦ＋％＝83％と形態水準は83％が±（o）で良好である。よって，低下するが正解である。

D　**多様で複雑な刺激に晒される**。Ⅷ～Ⅹ図版は多色彩図版であり，多様で複雑な刺激に晒される場面として想定されている。事例では，これらの図版でpure C反応が生じており，これは感情統制がとれずに客観的認識が働かなくなる傾向が想定される。よって，多様で複雑な刺激に晒されるが正解である。

以上の理由から，

a，c，d，eは誤りで，正答は　b　となる。

問題 24……正答 c

P-F スタディは，欲求不満状況における対処行動を把握する代表的な投映法の心理検査の一つであり，P-F スタディの各指標の理解は臨床心理士が備えておくべき基本的な知識の一つである。アグレッションの3つの方向，アグレッションの3つの型のみならず，P-F スタディで用いられる 11 の指標の意味や大まかな基準を正確に理解しておくことは，心理アセスメントやそれにもとづく心理支援を実践する上で役立つことである。事例の P-F スタディの結果の基本的な理解を問う設問である。

a　**誤り（×）**。事例のアグレッションの方向のうち，I-A は平均域であり，特に自分自身に責任を感じて自己非難をする I も平均域であるので，事例は自責感情や罪悪感が強いとはいえない。

b　**誤り（×）**。事例のアグレッションの方向のうち，他責傾向を示す E-A は平均以上であり，特に他者に向けられた直接的攻撃反応を示す E は平均域を上まわっているので，事例は他者に対して不満が言えず自己主張ができないとはいえない。

c　**正しい（○）**。アグレッションの方向のうち，欲求不満を他者に解消を求める e は平均を下回っているので，事例は他者に対して援助要請ができないとみなされる。よって，正しい。

d　**誤り（×）**。アグレッションの方向のうち，自ら積極的に問題解決しようという i は平均を下回る。よって，事例は自分で積極的に問題解決を行うとはいえない。

e　**誤り（×）**。アグレッションの方向のうち，M-A は平均域を下回り，特に相手を寛容に受け入れる M も平均域を下回る。よって，事例は，他者に寛容であってストレスを溜め込みやすいとはいえない。

以上の理由から，

a，b，d，e は誤りで，正答は　c　となる。

問題 25……正答 a

臨床心理士には，複数の心理検査のテスト・バッテリーをもちいて，事例の臨床像を多面的に理解する技量が必要とされる。本問はロールシャッハ・テストとP-Fスタディを組み合わせた総合的理解に関する問題である。二つの心理検査から読み取れる解釈を組み合わせて，複合的にアセスメントを行う技能は，臨床心理士が保有すべき基本的な技能である。

A　**正しい（○）**。ロールシャッハ・テストのＰは社会的協調性や社会規範への同調性を示す。事例はＰ＝３と平均を下回っている。また，P-FスタディのGCRは集団適応度を示すが，事例はGCR＝40と平均を下回る。よって，事例は社会的協調性が低く，周囲と同じような認識や行動がしづらいといえる。

B　**正しい（○）**。事例のＰ反応として紹介されている３つの反応は，Ⅰ・Ⅴ・Ⅵ図版で出されているが，これらの図版は無彩色図版である。しかし，示されている反応内容は「黄色い羽のチョウ」「真青な羽のきれいなチョウ」「黄金色だからキツネ」と有彩色を投影しており，CP（色彩投影反応）にあたる。CPの解釈仮説は不快情動の否認である。また，P-FスタディのI'が平均域を上まわっており，I'の解釈仮説は欲求不満の否認である。よって，事例は，主観的で，自分の都合の悪いことは否認する傾向にあるといえる。

C　**誤り（×）**。事例のロールシャッハ・テストでは，F％＝75％と高く（包括システムのハイラムダに該当する），決定因が一つの反応が全反応24個中21個であり，心理的な複雑さは認められない。また，ｍもなく，心理的緊張を示す指標には該当していない。また，P-Fスタディにおいても心理的な複雑さを示唆する結合スコアはみとめられない。よって，事例は物事を過度に複雑にとらえやすいとはいえない。

D　**誤り（×）**。事例のロールシャッハ・テストのデータに対人希求性に関するものは含まれていない。また，P-Fスタディのｅは平均域を下回っているが，ｅの解釈仮説は，欲求不満の解決を他の人に頼り，他者に欲求の充足を求めることである。よって，事例は他者依存的とはいえない。

以上の理由から，

b，c，d，eは誤りで，正答は　a　となる。

問題26……正答e

内田クレペリン精神作業検査の判定のもととなる定型曲線に関する問題である。この検査は，医療，教育，産業，福祉，司法など多くの領域で使用されている作業検査であり，使用頻度の高い心理検査であるので，基本となる定型曲線については十分に知っておく必要がある。

この検査での定型曲線の特徴は以下の６つである。①前期の作業曲線は全体の傾向としてＵ字型である。②後期は右下がりの曲線型となる。③前期の作業量よりも後期の作業量の方が全体的に増加している。④曲線に適度の動揺が見られる。⑤誤答がほとんどない。⑥作業量が極端に少なくない。

A　**U字型**。前期の作業曲線は全体の傾向としてＵ字型になる。時間とともに疲労により作業量が減少してゆくが，前期後半には終末努力が認められ作業量が少し回復する。よって，前期はＵ字型となる。

B　**増加**。休憩することによって疲労が回復し，また慣れの効果も加わることから，前半に比較して後半の作業量は増加する。

C　**後期１分目**。初頭努力と休憩効果による疲労回復が加わって，後期１分目が最も作業量が多くなる。

D　**非定型特徴**。内田クレペリン精神作業検査は，精神病院における内田雄三郎の研究から始まっている。精神疾患だけでなくさまざまな不適応症状者の研究がされ，この結果から非定型特徴が導き出されている。

以上の理由から，

a，b，c，dは誤りで，正答は　e　となる。

問題27……正答a

うつ状態をアセスメントする質問紙や構造化面接に関する問題である。臨床心理士は，精神疾患に関する正しい知識を習得し，臨床心理アセスメントにおいて的確に活用できる必要がある。患者やクライエントの悩みの背景あるいは前景になる精神症状を適切にアセスメントしながら，診断鑑別の一助を担い，さらに臨床心理学的支援の方略を立案する必要がある。精神症状評価法では英語表記や略称が用いられることが多く，精神疾患名，精神症状，症状評価方法および評価名称・略称を正しく理解しておくことが重要である。

a　正しい（○）。GRID Hamilton Depression Scale（GRID-HAMD）は，構造化面接によるうつ病の症状評価法である。

b　誤り（×）。Yale-Brown Obsessive-Compulsive Scale（Y-BOCS）は，半構造化面接による強迫性障害の症状評価法である。

c　誤り。Positive and Negative Syndrome Scale（PANSS）は，準構成的面接による統合失調症の陽性・陰性症状の症状評価法である。

d　誤り（×）。Beck Depression Inventory（BDI）は，構造化面接ではなく，自記式質問紙による抑うつ症状の評価尺度である。

e　誤り（×）。Zung Self-Rating Depression Scale（SDS）は，構造化面接ではなく，自記式質問紙による抑うつ症状の評価尺度である。

以上の理由から，

b，c，d，eは誤りで，正答は　a　となる。

問題 29……正答 b

本問は，不安，抑うつ，身体的自覚症状，認知症などのさまざまな症状評価検査の知識を問う問題である。臨床心理士は，さまざまな疾患や症状を抱えた患者・クライエントへの適切な診断の補助や治療・支援の方針を立案するために，これらの症状評価検査を適切に利用できる必要がある。そのためには，主な症状評価検査の目的と特徴を十分に理解している必要があり，臨床心理士が有しておくべき基本的な知見の一つである。

a **誤り（×）**。MAS（Manifest Anxiety Scale）は，顕在性不安を評価するものであり，状態不安と特性不安を評価するのはSTAI（State-Trait Anxiety Inventory）である。

b **正解（○）**。CMI（Cornel Medical Index）は，身体的自覚症状と精神的自覚症状の２つの因子で構成され，それぞれに下位項目が設定されている。

c **誤り（×）**。BDI（Beck Depression Inventory）は，認知的症状だけでなく，感情，行動，認知，対人行動，身体症状の５つの領域から構成される抑うつ評価尺度である。

d **誤り（×）**。SCID（Structured Clinical Interview for DSM）は，DSMに準拠して診断を行うための構造化面接のマニュアルであり，うつ病だけが対象ではない。

e **誤り（×）**。GHQ（General Health Questionnaire）は，主として神経症者の症状把握，評価および発見に有効な簡易検査（スクリーニング）である。強迫観念・強迫行為の評価スケールではない。

以上の理由から，

a，c，d，eは誤りで，正答は　b　となる。

問題 40……正答 a

臨床心理士の業務において，発達障害特性のアセスメントに関する知識は，医療・教育・福祉・司法・産業のどの領域においても必要とされるものである。特に，自閉症スペクトラムを含んだ発達障害のアセスメントにおいては，障害特性ごとに数多くのアセスメントツールが開発されており，患者・クライエントに実施するもの，養育者から聞き取るもの，などがある。臨床心理士はこれらの主要なものについて十分に習熟しておく必要がある。

A　正しい（○）。PARS-TR は，自閉症スペクトラム症の発達・行動症状を評定するために開発されたものであり，評定対象は３歳以上の幼児から成人までである。このアセスメントツールは，養育者への聞き取りによって評価する。７歳のＡに適切なアセスメントツールである。

B　正しい（○）。ADOS-2 は，自閉症スペクトラム症の疑いのある乳幼児から成人までを対象とした検査であり，本人を対象とした半構造化面接である。７歳のＡに適切なアセスメントツールである。

C　誤り（×）。自閉症スペクトラム症の特性として，共同注意の困難があげられる。M-CHAT は，その共同注意の検出に焦点を当てたスクリーニング検査であるが，対象は 16〜30 カ月の乳幼児である。Ａは７歳であるので，このアセスメントツールは適切ではない。

D　誤り（×）。CAARS は，成人の ADHD の症状の重症度を把握するための評価尺度である。この評価尺度は，自閉症スペクトラム症の特性を把握するためのものではないことに加え，対象年齢も 18 歳以上の成人であるので，７歳であるＡに適切ではない。

以上の理由から，

b，c，d，e は誤りで，正答は　a　となる。

問題 41……正答 e

Wechsler 式知能検査は，臨床場面での使用頻度が高い心理検査の一つである。WISC-Ⅳ以降，言語性知能と動作性知能というカテゴリーが廃止され，全検査 IQ と 4 つの指標得点による解釈が推奨されるようになった。また，指標得点間の差の解釈においては，有意差の有無だけでなく，標準出現率も考慮するよう推奨されるようになった。臨床心理士は，検査の実施法のみならず，各指標得点の意味するところや，ディスクレパンシー分析に関する理解が必要である。

A　誤り（×）。全検査 IQ（FSIQ）は標準得点が 91 と示されており，これは 90%信頼区間で 86-97 に相当する。これは平均に相当する得点である。「標準的に強い能力」という記述は，標準得点 116 以上あるいは 130 以上である場合にもちいられるので，誤りである。

B　誤り（×）。自閉症やアスペルガー障害といった，DSM-5 において自閉症スペクトラム症に該当する児童においては，ワーキングメモリー（WMI），処理速度（PSI）が低いことや，知覚推理（PRI）が高いこと，下位検査の「積木模様」の評価点が高いことや，「理解」の評価点が低いことは知られている。本事例は，知覚推理が高く，言語理解（VCI）は低いが，ワーキングメモリー，処理速度は低くないので，典型的な指標得点のパターンとは言えない。

C　正しい（○）。言語理解指標は，言語概念形成，言語推理，環境から得た知識を測定すると言われている。また，知覚推理指標は，知覚推理・流動性推理，空間処理，視覚-運動の統合を測定すると言われている。言語理解指標と知覚推理指標との間に 5 %水準で有意差がある上に，標準出現率も低いため，この解釈は妥当と言える。

D　正しい（○）。WISC-Ⅳで標準得点間の差が統計学的に有意であった場合，その大きさがどの程度なのかを判断する基準として，標準出現率が導入された。標準出現率が10〜15%以下ならば，その差の出現率は「稀」と見なすことができる。事例の言語理解と知覚推理の差の標準出現率は4.6%であるので，「稀」ということができる。

以上の理由から，

a，b，c，dは誤りで，正答は　e　となる。

問題42……正答e

Wechsler式知能検査は，臨床場面での使用頻度が高い心理検査の一つである。使用頻度が増えるに従い，検査用紙の取り扱いや，検査結果の説明に際して倫理的に問題のある手続きが報告されるようになった。WISC-Ⅳの「実施・採点マニュアル」や手引書において，使用者の責任や倫理規定に関して明記されているので，臨床心理士はそれらをよく読み，理解した上で検査を実施する必要がある。

A　誤り（×）。WISC-Ⅳのマニュアルには，「受検者やその親あるいは保護者に検査結果の概要を説明することは妥当であるが，そうした場合も，検査としてのWISC-Ⅳの妥当性，価値を損ないかねないので，検査問題や記録用紙，その他の検査用具を開示したり，複写したりしてはならない」と明記されている。したがって，検査用具を見せながら説明することは適切ではない。

B　誤り（×）。結果説明に際し，以前は下位検査のプロフィールなどをコピーして手渡すことが多かったようである。しかし，WISC-Ⅳのマニュアルには，「受検者やその親あるいは保護者に検査結果の概要を説明することは妥当であるが，そうした場合も，検査としてのWISC-Ⅳの妥当性，価値を損ないかねないので，検査問題や記録用紙，その他の検査用具を開示したり，複写したりしてはならない」と明記されている。本人や保護者にわかりやすく検査結果を説明することは必要だが，検査プロフィールなどの複製（原図に近いプロフィール図の転写などを含む）は認められない。特に，下位検査レベルの値は変動性があるため，全体のIQレベルや指標得点などについての説明を中心とすることが推奨されている。

C　正しい（○）。WISC-Ⅳのマニュアルには，記入済みの記録用紙の複写が例外的に許される要件として，「資格を持つ別の専門家に受験者の記録を伝達することを目的とした」場合を挙げており，主治医への情報伝達はこれにあたる。

D　正しい（○）。非専門家に対する一般的な説明において，5つの合成得点（FSIQ，VCI，PRI，WMI，PSI）について，できるだけわかりやすく，誤解のないように説明する責任がある。そのために，パーセンタイル値，信頼区間，記述分類を合わせ添えることは基本的事項である。

以上の理由から，

a，b，c，dは誤りで，正答は　e　となる。

問題47……正答c

発達障害の認知特性に関する問題である。心理アセスメントを適切に行っていく上で発達障害の認知特性を理解することは重要である。発達障害の適切な心理アセスメントのために認知特性に関する用語を適切に理解していることは，臨床心理士に必要とされる基本的な要件である。

a　誤り（×）。マインドブラインドネスとは，自閉症スペクトラム症状の子どもたちが心の理論の発達が遅れていることを示す概念である。心の理論とは，他者の行動の意味を理解し，行動を予測するための他者の視点に立つ能力を示す。自閉症スペクトラム症状の子どもたちは，マインドブラインドネスがあって，心の理論が遅れているとされる。

b　誤り（×）。中枢性統合理論とは，自閉症の認知特性を示す認知仮説（弱い中枢性統合仮説）に関するものである。自閉症の人たちは，入力した情報や全体像を相互に関連付けて認知することの苦手さがあり，状況の細部に焦点化するといわれている。

c　**正しい（○）**。実行機能とは，人間の活動（運動・注意・思考）をコントロールする能力である。この活動のコントロールには，プランを創造したり，実行したりすること，必要に応じて注意をとどめたり，切り替えたりすることを含む。したがって，「計画をたてたり，行動を抑制する能力」は正しい。

d　**誤り（×）**。ワーキングメモリーとは，何か目的をもって思考するとき，必要な情報を一時的に記憶にとどめたり，過去の記憶の中から必要なものを参照したりといったダイナミックな働きをする記憶機能をいう。

e　**誤り（×）**。遅延報酬障害とは，ADHD の動機づけに関連する報酬系の障害に焦点をあてたものである。動機づけに関連する報酬の遅延に耐えられずに，代替の報酬を選択する衝動性パターンと，報酬を得るまでの主観的時間を短縮するために注意をそらす，あるいは代償行為をともなう不注意-多動パターンがあると考えられている。

以上の理由から，

a，b，d，eは誤りで，正答は　c　となる。

問題 49……正答 a

心理検査の施行やフィードバックの倫理に関する問題である。臨床心理業務の対象者の基本的人権を守り，自己決定権を尊重し，その健康や福祉の増進を目的としている臨床心理士の倫理要綱や倫理綱領を知っているだけではなく，社会的責任や道義的責任を自覚し，遵守すべき義務を臨床現場の多様な状況において遂行することが必要とされている。

A　**正しい（○）**。被検査者の判断能力が低下している場合でも，心理検査への協力について，可能な限り説明し同意を得ることが望ましい。また，同時に保護者や後見人にも説明をし，協力の同意を得ることが原則である。これに関しては日本臨床心理士会の倫理要綱に明記されている。

B　**正しい（○）**。臨床心理士は被検査者の人権に留意し，心理検査（査定）を強制してはならない。被検査者（クライエント）の自己決定を尊重するのが原則である。

C　**誤り（×）**。心理検査の結果から被検査者に自傷・他害のおそれがある場合には，守秘よりも緊急の対応が必要とされる場合がある。ただし，この場合にも被検査者に説明をし，了解を得た上で関係者に連絡をとるのが原則である。また，被検査者の了解が得られなかった場合でも，守秘よりも緊急の対応を優先することを被検査者に伝え，了解が得られないまま緊急の対応を行った場合は，その後も継続して被検査者に説明を行うように努めるのが原則である。

D　**誤り（×）**。心理検査のフィードバックについては，被検査者の知る権利を考慮するのは重要なことである。しかし，情報量があまりにも多いと被検査者がかえって混乱する場合がある。被検査者へのフィードバックであれば，被検査者の知りたいことを中心にして，フィードバックの内容をある程度絞り込むことも重要なことである。被検査者の状態に合わせて，相手が受けとることができる内容を考えてフィードバックすることが肝要と考えられている。

以上の理由から，

b，c，d，eは誤りで，正答は　a　となる。

問題 50……正答 b

代表的な投映法の心理検査の一つである TAT に関する設問である。TAT を考案した Murray, H. A. の考え方やその施行法，刺激図版にどのような特徴があり，その後 Murray の方法の継承されたところと継承されなかったところ，TAT を用いた現在の多様なアセスメント手法についても理解していることが臨床心理士には求められる。

A　**正しい（○）**。TAT の図版の中には，手術あるいは受傷のような状況が描かれており，脇にライフル銃のようなものが描かれている図版，刃物や銃器を推測させるような描写のある図版がある。これらの図版における被検査者の物語の特徴から，被検査者の攻撃欲動に関連する問題を推定することができる。

B　**誤り（×）**。Murray は欲求-圧力分析を提唱しており，被検査者のさまざまな欲求と圧力を評定する方法を提案している。しかし，攻撃性について特に記号化や集計を行う方法は，Murray によって提案されておらず，TAT を用いたアセスメントでもほとんどもちいられていない。

C　**正しい（○）**。Murray 版の 31 枚の図版のうち，白紙を含む３枚には人物が描かれていない。

D　**誤り（×）**。TAT では性別や年齢に合わせて 20 枚の図版が用いられる方法が Murray によって提案されているが，図版枚数を減らして実施する方法も提案されている。図版の提示順に関しても，20 枚で実施する場合には Murray の提示順を遵守する立場もあるが，枚数を減らして実施する場合には，どの図版を選択するか・図版提示順をどうするかについても柔軟に実施されている。

以上の理由から，

a，c，d，e は誤りで，正答は　b　となる。

問題 54……正答 a

施設でのプレイセラピーの初回において，事前情報と子どもの様子から，どのように子どもを見立て，プレイセラピーの方針を立てるのかを問う問題である。

特に脱抑制型対人交流障害が想定される場合，臨床心理士は，自身に対する過剰に適応的な態度や身体接触・馴れ馴れしい態度が，単に関係性や対応の適否から来ているものではないということを見通せていることが，プレイセラピーやコンサルテーションを行う上で重要となる。

A　正しい（○）。 Bさんの臨床心理士への過剰なサービスや身体接触などの馴れ馴れしさは，脱抑制型対人交流障害を背景として生じている可能性がある。

B　正しい（○）。 Bさんは臨床心理士の意図を汲んで適応的に振る舞おうとする一方で，主体的に遊びを展開する責任を回避していると捉えることができる。

C　誤り（×）。 Bさんの臨床心理士への過剰なサービスや馴れ馴れしさは虐待経験による脱抑制型対人交流障害を背景としている可能性があり，臨床心理士の人格や対応の適切さによるものではない。同様に，友人や担当職員への暴言も，単なる対応の不適切さという観点からのみ理解されるべきではない。

D　誤り（×）。 Bさんの行動を脱抑制型対人交流障害を背景とした過剰適応的態度として捉えた場合，プレイルームでのBさんの態度は適応的とはいいがたく，かつ暴言を吐くBさんよりプレイルームでのBさんが本来的であると断じることもできない。

以上の理由から，

b，c，d，eは誤りで，正答は　a　となる。

問題55……正答d

児童虐待が背景にある子どものプレイセラピーにおいては，治療関係が成立した後に，しばしば虐待の再現かと感じられるような内容が表現されることがある。子どもはトラウマティックなイメージや攻撃性を表出した後に不安を抱え，プレイルームに留まることが困難になる場合もある。こういったとき，臨床心理士は子どもの表現をどのように捉え，また，施設内でのプレイセラピストとしてどのような対応をするのが適切なのか，見立てと対応についての問題である。

A　誤り（×）。プレイの内容は，母親との間で実際に体験した内容の再現であるかもしれないし，そうでないかもしれないが，事実として確かめることは必須ではない。

B　正しい（○）。自らの表出した攻撃性が不安を引き起こし，退室の要求につながっている可能性があるので，可能であれば，その不安を抱えることが治療上重要となってくる。

C　誤り（×）。自らの表出した攻撃性が不安を引き起こし，退室の要求につ ながっている可能性があり，その不安を抱えることが治療上重要となっている。面接の枠組みを超えて生活場面に返すことは，担当職員や子どもを混乱させる可能性がある。

D　正しい（○）。プレイの中で良い母親と悪い母親の両方を演じていることが読み取れ，このような両価的母親イメージがＢさんの中に存在すると考えることができる。

以上の理由から，

a，b，c，eは誤りで，正答は　d　となる。

問題 56……正答 d

プレイセラピーの過程の中で，日常的なレベルの話題が増え，キャンセルが続くなど，これまでとは異なる子どものスタンスが感じられる時期がある。特に施設内でセラピーを行っている場合には，日常生活が近接しているため，キャンセルをどのように捉えるのか，また，それを職員間でどのように共通理解するのか，日常生活でのクライエントとの関わりをどのように考えるのかは，ケースや施設の状況等を考え合わせる必要がある。一つの絶対的な答えがあるわけではないが，総合的に考えて対応の方針を決めることになる。

a　誤り（×）。日常生活では友人や職員がＢさんに関わっているので，臨床心理士がすべての場面で関わる必要はない。なぜ臨床心理士を日常場面に誘っているのか，その意味を考え，日常生活を支える職員と連携することが大切であろう。

b　**誤り（×）**。日常生活では友人や職員がＢさんに関わっているので，臨床心理士がこれまで以上に関わる必要はない。また，プレイセラピーを継続しつつ日常場面でも積極的に関わることは子どもを混乱させてしまう可能性があり，好ましくない。

c　**誤り（×）**。キャンセルが増え，日常の話題が増えてきたとしても，そのことを理由として臨床心理士との関わりを最小限にする必要はない。むしろ，セラピーと日常生活を並行しながら，次第に日常生活にソフトランディングを図ることが望ましいだろう。

d　**正しい（○）**。現時点ではセラピーの終結を検討するよりは，継続をしながらＢの状況を見立てていくこと，日常生活での変化等を共有しながらコンサルテーションを行っていくことが必要である。

e　**誤り（×）**。キャンセルが増えていることは日常生活や臨床心理士との関係性など状況が変化していることのサインである。重要なことは，面接間隔を厳格に守らせることではなく，そのサインから何を読み取るのかということである。

以上の理由から，

a，b，c，eは誤りで，正答は　d　となる。

問題 57……正答 e

臨床動作法では，何を体験しているかという体験内容でなく，どのように体験しているかという，体験様式に焦点を当ててクライエントの不調や困難を理解し，それをより適応的な体験の仕方に変えることを目指す。

臨床動作法のプロセスでは，動作課題を通して，その達成のための努力の仕方に注目する。また，動作課題の体験を通して生じてくるさまざまな「ともなう体験」にも焦点を当て，両方を丁寧に扱うことが大切になる。クライエントから過去の経験について話された場合にも，今ここでの体験に焦点を当て，今どのように感じているか，どのようなからだの感じがするかについて話し合う。

以上のような，臨床動作法の目的や臨床動作法による支援のポイントについての理解を問う問題である。

A　**誤り（×）**。臨床動作法では，困難を抱える人が何を体験しているかという体験内容でなく，どのような体験の仕方をしているか，という体験様式に焦点を当てる。

B　**正しい（○）**。臨床動作法のプロセスの最初の段階は，これまで注意を向けてこなかった「からだ」に注意を向け，動作課題を受け入れて，取り組む努力を始めるところから始まる。

C　**誤り（×）**。臨床動作法では，動作体験とそれに「ともなう体験」の両方に焦点を当てて扱っていく。

D　**正しい（○）**。臨床動作法では，行いながらクライエントと話をするが，過去の経験や過去の親子関係に遡ることが目的ではない。今ここでの体験に焦点を当て，今それをどのように体験しているか，どんな感じがしているか，などに焦点を当てて話し合う。

以上の理由から，

a，b，c，dは誤りで，正答は　e　となる。

問題65……正答b

Gendlin, E. T. によるフォーカシングに関するキーワードとして，フェルトセンス（felt-sense）があるが，これはGendlinによる体験過程（experiencing）とほぼ同義語であり，フォーカシング指向心理療法の中核をなす重要な概念でもある。臨床心理士が心理臨床活動（心理面接）を行う上で，クライエントの何に注意を向け，何を捉えようとしているのかについて理解する上で，フェルトセンスについて正確に知っておくことは重要なことである。

A　正しい（○）。Gendlin は，ぴったりな言葉が見つかると，フェルトセンスは開き，流れ始めると述べている。

B　誤り（×）。Gendlin はフェルトセンスを感じやすくするために大切なコツとして，感情の中に入り込んでしまわないことを強調している。近すぎず，遠すぎない距離でその「感じ」と「共にいること」が勧められている。

C　正しい（○）。フェルトセンスはからだの感覚ではあるが，くすぐったさや痛みといった生理的身体感覚ではない。

D　誤り（×）。フェルトセンスが生じるためには，全体としての状況をからだでどう捉えているかに注意を向けることであり，フェルトセンスは，その問題全体がどのように感じられるかについての感覚である。フェルトセンスは，からだで，状況を暗黙の全体として捉えることであり，すでになんらかの形で象徴化されているものである。さらに，クライエントが体験しているのは，自分の生活の諸側面全体であり，それはことばにならない複雑さに満ちていて，フェルトセンスに注意を向けることで，そのフェルトセンスの複雑さから変化は生まれるとしている。

以上の理由から，

a，c，d，e は誤りで，正答は　b　となる。

問題 66……正答 e

面接場面では，クライエントが臨床心理士に対して不信感・非難・敵意を向けることも生じる。特に，臨床心理士が若い面接初心者の場合，自信のなさや無力感からそれらに触れることができないまま受け身的に流してしまいがちである。

しかし，クライエントから臨床心理士への不信感・非難・敵意はクライエントの心理的理解や面接を深める上で重要な手がかりとなることも多い。これらを単に受け流さず，ネガティブな反応をも面接の中で適切に取り扱うことができるか，クライエント理解に繋ぐ対応ができるかについて問うことがねらいである。

a　誤り（×）。経験の浅いことをクライエントに正直に「詫びる」という行為は，クライエントにとってはなんの益もない。自分はあなたの役に立つ技能があるし，ここのスタッフには経験を積んだ臨床心理士が何人もいるので，必要に応じてその経験を参考にできることを伝える。

b　誤り（×）。面接を深めるために必要と判断される場合には，臨床心理士自身の気持ちを伝えることもある。しかし，初回面接での，クライエントからの否定的感情表出から引き起こされた臨床心理士の拒否感や怒りをそのままクライエントに伝えることは，適切とは言えない。

c　誤り（×）。初回面接での，クライエントからの否定的感情から引き起こされた臨床心理士の傷つきや拒否感や怒りから，担当の交替を検討するとすぐに話してしまうのは，適切とはいえない。クライエントのどのような期待，どのような気持ちや不安から発せられた言葉なのかについて，検討することは大切である。また，怒りを伝えるとすぐに環境が変わってしまうということが，クライエントにとってどのような意味を持つのか検討する必要もあるだろう。

d　誤り（×）。無能とみなされる恐怖から逃れるために，いかにも「セラピストらしく」振る舞って格好をつけようとすることは，一般的にはクライエントとの関係に良い効果はもたらさない。

e　正しい（○）。クライエントが失望や怒りを表出した場合，それが心理面接を深める上で重要な手がかりとなる場合も多いことから，臨床心理士は面接で否定的な感情にも触れ，十分に聴き，取り扱っていくことが求められる。

以上の理由から，

a，b，c，dは誤りで，正答は　e　となる。

問題 67……正答 d

医療機関を受診しながら心理面接を継続しているクライエントに関して，主治医とクライエントとの関係，主治医と臨床心理士の関係について問うことがねらいである。

受診や服薬をクライエントの自己判断で中断することや主治医との関係においてクライエント・臨床心理士との間で複雑な三角関係になる場合も生じるが，それらについて面接の中で適切に扱えることが求められる。

A　**誤り（×）**。臨床心理士が主治医との間に入って，心理面接で語られた内容やクライエントの気持ちを安易に代弁するといったことは避けるべきである。

B　**正しい（○）**。主治医とクライエントとの関係において生じていることは，できるだけ主治医との間で直接話し合われることが大切である。臨床心理士はクライエントに明確にそのように伝え，直接話し合えるよう促す役割を取ることが望ましい。

C　**誤り（×）**。服薬については，薬物療法を行っている主治医との間で話し合われるべき問題であり，臨床心理士がその役割を安易に引き受けるべきではない。薬物療法の効果や中断における問題については，主治医と直接話し合えるようクライエントに伝えることが大切であろう。

D　**正しい（○）**。主治医と臨床心理士とは，クライエントの状態によって何らかの必要が生じた場合など，折に触れて話し合うことが重要である。多忙な医師とそのような機会を持つことは容易ではないが，臨床心理士から提案し情報共有や検討の場を作ってもらうなど，主治医と適切にコミュニケーションをはかることは大事な役割となる。

以上の理由から，

a，b，c，e は誤りで，正答は　d　となる。

問題 68……正答 c

一対一の個別面接の経過の中で，クライエントから家族や関係者に会って欲しいと要望されることもしばしば生じる。これらクライエントからの要望に対して，臨床心理士として適切に対応できるか，またクライエントを理解することにどのように繋ぐことができるかについて問うことをねらいとしている。

a　**誤り（×）**。個別面接の中で，状況や必要性に応じて，臨床心理士が家族や関係者，重要な他者と面接することもまったくないわけではない。

b　**誤り（×）**。原家族との関係や生育歴などを知ることは大切なことであるが，面接の流れからそれを取り上げるタイミングは重要である。この場合，まずは夫との関係について取り上げることが必要であろう。

c　**正しい（○）**。クライエントから臨床心理士に求められることを行うかどうか判断したり実行したりする前に，まずは夫との間に何が生じているのか確認し，なぜ臨床心理士が入るとうまくいくと考えているのかをきき，臨床心理士への過剰な理想化が生じていないかなど，よく理解することが大切である。

d　**誤り（×）**。まずは，クライエントと夫との関係に生じていること，臨床心理士とクライエントとの間に生じている関係（理想化）などについてよく確認し理解することが必要であり，臨床心理士が夫を入れての心理面接を検討することや，夫に別の心理士を紹介するなどは，その後に慎重に判断すべきことである。

e　**誤り（×）**。クライエントの求めに対し，安易に個別面接の場に夫を招き入れることは，臨床心理士自らが面接構造を壊すことにもつながりかねない。そのことを臨床心理士として自覚しておくことも大切であろう。

以上の理由から，

a，b，d，eは誤りで，正答は　c　となる。

問題 69……正答 e

内観療法は日本発祥の心理療法の一つであるが，その治療構造の厳しさから，一般の臨床心理士自身が内観療法の面接者になり，それを心理療法に組み込むことには限界がある。

しかし，近年注目されている第３世代の認知行動療法と言われるマインドフルネスと同じように，仏教や禅を背景にしながらも，それを心理療法として確立しているといえる。

内観療法について，心理療法として奏功するメカニズムを十分に理解しているかどうかを問うことを狙いとしている。

A　誤り（×）。真栄城輝明（『心理療法としての内観』朱鷺書房，2005）は，河合隼雄の心理療法モデル（医学モデル，教育モデル，成熟モデル，自然（じねん）モデル）を受けて，内観療法は自然モデルといえると述べている。内観療法は，自分自身が自身を観ること（すなわち，内観）を通して，自らに気づくことが重視されている。

B　誤り（×）。内観療法の３つのテーマとは，してもらったこと，して返したこと，迷惑をかけたことである。してもらったこととお世話になったことは内容的には同じことである。内観療法で重要なことは，してもらったこと（あるいは，お世話になったこと）と迷惑をかけたこととの間に，「して返したこと」という，自らが相手に対して行った行為を振り返る視点を入れることに作用機序がある。

C　正しい（○）。内観療法では，必要に応じて，養育費の計算をテーマとすることがある。３つのテーマで重要なことは，自らのあり方を相手の目線を借りて客観的に振り返ることであり，その視点から，自身が親に負担をかけてきた養育費を客観的に振り返ることが重要な局面では，養育費の計算をテーマとすることもある。

D　正しい（○）。内観療法は結果的に，現在具体的に意識されている“問題”そのものを扱うことはなく，症状不問とされている。全人的自己についての気づきと，そこから新たな人生観を獲得して，自己変革・自己実現に至るというプロセスの中で，結果的に認知的・行動的変容が生じて，当初の“問題”も解決されるに至ると考えられている。

以上の理由から，

a，b，c，dは誤りで，正答は　e　となる。

問題 78……正答 d

プレイセラピーの基本，および初回面接における治療者の基本的態度についての設問である。プレイセラピーは，ただ子どもと「遊んでいる」だけではなく，セラピーが提供される必要がある。この点を踏まえ，プレイセラピーにおける初回面接での治療者の基本姿勢について，最低限押さえておく必要がある。

a　誤り（×）。プレイセラピーは，「ただ遊ぶ」だけ，あるいはプレイルームで単に楽しく過ごすことが目的ではなく，遊びを媒体とした治療法である。セラピーの中では「楽しい」状況だけではなく，課題に取り組むクライエントのネガティブな感情が表出されることもあることを考慮した言葉がけが求められる。また，はじめに「楽しく」と導入することが，今後のセラピーの中でのクライエントの自然な表現を制限してしまうことにもつながりかねない。

b　誤り（×）。親のいないところで，初対面の大人から「お母さんには秘密にする」と言われることは，子どもに大きな戸惑いを引き起こす可能性があり，親との関係に亀裂が入ったように感じさせるかもしれない。プレイセラピーにおいて子どもに守秘義務を伝える際には，大人のカウンセリングの原則をそのまま適用するのではなく，子どもの発達段階を考慮しつつ，伝えるタイミング，伝え方について工夫する必要がある。

c　**誤り（×）**。子どもに来談理由を聞く際には，本人の発達段階，理解力や言語化能力を考慮する必要がある。親に連れられてきた子どもの場合，自分の問題を意識的にわかっていなかったり，明確に言語化を強いたりすることによって子どもの自我の安定を脅かす危険性がある。一方で，初回面接において子どもと来談の意味について臨床心理士と話し合う立場をとる考え方もあるが，その場合もプレイセラピーにきている理由を子ども自身がどう捉えているかといった問いかけが行われており，今回の設問のように，「どうしてここに連れてこられたと思う？」という問いかけではない。設問にあるような問いかけは，子どもに，自分がここに「連れてこられなければならない」存在であるといったマイナスの印象を与える懸念があり，子どもの安全を脅かすことにもなりかねない。そのため，子どもに来談理由を尋ねる際には，何のために尋ねるのかを踏まえた上で，問いかける言葉の選び方には細心の注意をする必要がある。

d　**正しい（○）**。初めての出会い時には，自分の方からあいさつと自己紹介を行うのは日常の人間関係においては当り前のことである。これは，プレイセラピーという非日常場面であったとしても然りである。ただし，日常的な場面において大人と子どもが対したときに，大人は子どもに対して「お名前は？」といった尋ね方をし，子どもから先に名乗らせるといった姿が見られることがある。これは，大人が子どもを下に見て（子ども扱いして）いることの現れであり，子どもを対等に扱っていないといえる。心理療法においては，クライエントとセラピストの人としての対等感は重要な要素の一つであるため，子どもに対したときも臨床心理士の方から先にあいさつや自己紹介するという姿勢が求められる。

e　**誤り（×）**。プレイセラピーの導入時に，「時間」と「場所」という枠組みを子どもに示す必要があるが，制限事項については初回に伝えるべきかどうかは議論の余地がある。子ども中心のプレイセラピーの創始者であるAxline（1947）は，器物破損や身体的攻撃などへの制限について，必要が生じるまで待ってから伝える方が良いとしている。それは，治療がスムーズに進むためには，制限は最小限にとどめられることがのぞましいと考えたからである。本事例においても，クライエントが緊張している様子がうかがわれる中で制限を提示すれば，この後のクライエントの自由な表現を制限することにつながったり，クライエントが治療者から否定的にみられているのではないかと感じさせたりする懸念がある。そのため，制限はその必要性が生じたときに伝えることが望ましい。

以上の理由から，

a，b，c，eは誤りで，正答は　d　となる。

問題79……正答c

プレイセラピーの中で，クライエントの攻撃性にどのように対処するのかは重要なテーマである。クライエント自身が我を忘れるほどの自らの攻撃性に圧倒されていたり，臨床心理士が耐え難いような身体的攻撃が生じていたりするにもかかわらず，それを許容し続けることは，クライエントを受容していることにはならない。受容されるべきは，クライエントの攻撃的な行動の背後にある「訴え」である。また，臨床心理士は，ただ単に攻撃行動を禁止するのではなく，その行動の背後にある感情や訴えを理解し，クライエント自身が自らの力を建設的な方向に使えるよう手助けすることこそなすべきことである。臨床心理士として，これらの点をしっかりと押さえておきたい。

A　誤り（×）。攻撃性はただ発散させればよいというものではなく，子どもがなぜ攻撃的な遊びを繰り返すのか，その背後にある意味や子どもの気持ちを理解することが重要である。しかも本事例では，激しい攻撃性を表出した後にクライエントは放心状態となっていて，クライエント自身が自分の攻撃性に圧倒されていることが見てとれる。攻撃性を発散させるという観点からこのままの形でプレイを続けることは危険である。

B　**正しい（○）**。子どもにとって「遊び」は「言葉」である。臨床心理士は，遊びの中に表現されている子どもの抱える感情や訴えについて受け取り，その意味について考える必要がある。本事例でも，攻撃的な遊びの背後にある意味を考え，なぜAさんがこの遊びを繰り返す必要があるのか，また臨床心理士が受け取った痛みの意味を考えることが必要である。

C　**正しい（○）**。本事例では，クライエントは激しい攻撃性を表出した後に放心状態になっており，クライエント自身が自分の攻撃性に圧倒されていることが見てとれる。このような状態にあるとき，クライエントの攻撃行動を制御したり，禁止したりする必要がある。

D　**誤り（×）**。クライエント自身が自分の攻撃性に圧倒されているとき，クライエントの攻撃行動を制御したり，禁止したりする必要があるが，差し迫った危険があるとも考えられないので，すぐに母親を呼びにいくことはしない。

以上の理由から，

a，b，d，eは誤りで，正答は　c　となる。

問題80……正答e

プレイセラピーの中で，箱庭を用いた遊びが展開されることはしばしば経験される。ここでは，プレイセラピーにおいてプレイルーム全体から箱庭の枠の中で展開されることの意味や，箱庭療法における重要なアイテムの取扱いについての基本的理解を問うている。

a　**誤り（×）**。箱庭療法の創始者であるLowenfeld, M. は水の使用を許可しているが，Kalff, D. M. は許可をしていない。日本に箱庭療法を導入した河合隼雄は，Kalff にならい基本的には水の使用は許可していないとしているが，水の使用によって興味深い表現を得られることもあることから，治療者の判断で臨機応変に対応することを推奨している。水の使用を許可していない理由として河合は，攻撃性の強い子どもなどが水や砂を床にまき散らしてしまうことを挙げているが，本事例ではクライエントが水や砂を床にまき散らすといった行為は現時点では見られず，むしろ水を使用した興味深い表現を行っている。そのため本事例では，はじめから水の使用を禁止するといった制限を加えるのではなく，制限を加える必要が出てきた際に対応を検討するといった姿勢が求められる。

b　**誤り（×）**。箱庭療法では，砂は初めから箱の中にセットされている重要な道具立ての一つであり，砂を触ること自体に大きな治療的効果が認められている。砂をどのように扱うか（本事例のように砂をすべて出す，砂を芝生シートなどで覆い隠す，砂に触れるか否かなど）はクライエントの内的世界を理解していく際に重要な手がかりをもたらす。そのため，出来上がった作品だけではなく，作品が作られていくときのクライエントの心の動きといった制作プロセスを含めた丁寧な検討が必要となろう。

c　**誤り（×）**。箱庭療法において，砂は重要な素材の一つである。その感触によって人間の深い部分に訴えかけてくると言われている砂をどのように扱うかは，クライエントの内界を理解するための重要な手がかりをもたらす。今回のクライエントの表現は，砂を出した後の箱庭の表現に加え，砂を出す作業のプロセス自体にも重要な意味があると考えられ，次回以降，砂の用い方がどのように変化していくのかにも注目する必要がある。また，クライエントは「今度もこれ（箱庭）する」とセラピストに告げてはいるが，空の箱を準備するようにとは述べていないことから，誤りである。

d　**誤り（×）**。箱庭の枠内での表現はプレイルームでの遊びよりも強い衝動行為の表出が可能であるという河合隼雄（1969）の考察があるが，このクライエントの場合，強い凝縮された攻撃性を表現するために，箱庭という場を選んだということが推察される。クライエントの行動を見る限り，不自由さはうかがえない。

e　**正しい（○）**。箱庭の表現が枠を超えてなされた場合について河合隼雄（1969）は，統合されていくことの困難なものの表現の一つであることを指摘している。本事例では，クライエントは箱庭の枠の内と外に表現をもって「完成」としていることから，枠外の世界も含めて箱庭を用いたクライエントの内界の表現として捉え，今後，枠の中にどのように収まっていくのかという視点を持ちながら，経過を考えていく必要があろう。

以上の理由から，

a，b，c，dは誤りで，正答は　e　となる。

問題 84……正答 c

多様化する大学の学生相談室の役割の中で，最も重要視されるのが教職員や学内外の諸部門，諸機関との連携や協働である。学生相談室は，学生の心理的な課題への対応だけではなく，修学上の問題にも対応を求められる。これらは，ともに深い関連があり，学生相談室には，それらを視野に入れ，学生の全人格的な成長を支援する対応が求められる。本問は，学生相談室に勤務する臨床心理士として，必要な基本的な姿勢を問うものである。

A　**誤り（×）**。学修支援室は，修学上の相談を扱う部署であるが，学生相談室には関連する組織と有機的に連携・協働し，対応することが求められる。学生の相談が修学上の問題だからといって，学修支援室に丸投げすることは適切な対応とはいえない。

B　**正しい（○）**。修学上の問題の背後には，学生の発達的・心理的な課題が隠されている場合が多く，臨床心理士には，表面的な訴えのみだけではなく，その背後に潜む問題に対する感受性と学生の全人格的な成長を見据えた支援が求められる。

C　正しい（〇）。学内の他部署との連携・協働は，日頃から関係を築き，情報の交換や共有を行った上で，学生への対応に備える姿勢が求められる。

D　誤り（×）。学生相談室が連携・協働を行う対象として，教職員は必須な存在である。特に，修学上の支援の際には，学生相談室での個別面接のほかに，授業やさまざまな機会での教職員の学生へのかかわりも含めた対応が必要であることが多い。

以上の理由から，

a，b，d，eは誤りで，正答は　c　となる。

問題85……正答b

学校生活が高校までとは異なり，大学では自主的・自律的な行動が求められる。このため，入学初期に環境の変化に戸惑い，不適応状態を呈す学生が少なくない。学生相談室に勤務する臨床心理士には，入学期における学生の課題について，理解と，それに即した対応が必要である。本問は，それらについて理解を問うものである。

A　正しい（〇）。これまで対人関係が苦手であった学生が，入学期に友人関係の形成につまずくことは少なくない。学生相談室は，学生とともに課題について取り組み，学生自身が友人関係を構築していくことができるような支援を行うことが求められる。

B　誤り（×）。不本意入学は，その後の大学への適応に影響をおよぼすことが考えられる。再受験は，学生自身がじっくり考えるべき問題でもある。また，その後の学生生活において，自己の課題に取り組み，現在の大学で居場所を見つけ，成長を遂げる学生も少なくない。学生相談室に勤務する臨床心理士は，単に原因への対処を行うことではなく，学生とともにその問題を考える姿勢が必要とされる。

C　**正しい（○）**。大学に入学した新入生は，大きな環境の変化を経験し，戸惑いや不安を抱える。多くの学生は，自力で対処し，その後，問題なく学生生活を送ることになるが，そうではない学生に対しては，学生相談室の助力が必要となる場合がある。そのため，学生相談室は，学生が安心して相談できる場となることが必要である。

D　**誤り（×）**。大学生は，高校生より，いっそう自律的な行動が求められる。学生相談室に相談に訪れる学生は，そもそも，その点において課題に直面していると考えられる。したがって，単純に授業に出席することを課題として課すことは適切とはいえない。授業への出席を含めて，学生の抱える課題全体に対して見立てて，支援を行う必要がある。

以上の理由から，

a，c，d，eは誤りで，正答は　b　となる。

問題 86……正答 a

大学中間期を迎えた学生に対する学生相談室の対応について問う問題である。

この時期の学生は，入学期と卒業期に挟まれた「中だるみ」的な時期ではあるが，一方では，自己の課題にじっくり取り組める時期である。また，卒業期に向け，力を蓄える時期でもあることが指摘されている。学生相談室に勤務する臨床心理士は，学生の学年に応じた課題や特徴をふまえた対応が求められる。

A　**正しい（○）**。大学中間期は，入学期の大きな環境の変化への適応を終えた後の適応状態のなかにあり，自己の課題の探索が行われることが多い。

B　正しい（○）。大学中間期は，学業における目立った成果が得られない場合であっても，その背後で，次に迎える卒業研究や進路選択のために必要となる基礎的な力が養われることが多い。

C　誤り（×）。学内の他部署をリソースとして活用することは重要である。しかし，その場合であっても，他部署に全面的に支援を切り替えることは適切ではない。学生相談室には，他部署と連携・協働し，学生の成長を支える場として機能することが求められる。

D　誤り（×）。学生相談室で相談を進める中で，学生が転学部や転学科，編入学を考える場合がある。そのように考えること自体が，学生の成長の機会となる場合もあるので，必要な情報提供を行いつつ，そうした考えに至った学生の内面の変化を取りあげて，学生が自己理解をさらに深めることを支援することが必要となる。

以上の理由から，

b，c，d，eは誤りで，正答は　a　となる。

問題92……正答b

大規模災害などの被災者支援において，中長期的な支援が必要となる。災害被災者は，それまで健康な日常生活を送っていたこともあり，自らの心身反応への自覚があまりなく，また精神的ケアに対して気後れすることも多く，受診行動を控える傾向がある。本問は，アウトリーチによるケアを中心に，それらの理解を問うものである。

a　誤り（×）。Aさんは「外出ができないし，病院に行くほどではない」と言って，医療機関への受診を拒んでいる。そのような状態の中で，受診を提案するということは，Aさんの意思を尊重しておらず，また，災害時のメンタルヘルスケアに必要な戦略であるアウトリーチを理解していないといえる。

b　正しい（○）。Aさんは，保健師と臨床心理士の訪問を受け入れている。訪問をして継続的に心理面接を行うことを提案し，症状や

Aさんの困り感に応じて，医療機関への受診につなげるということが適切な対応である。

c　**誤り（×）。**その場で精神科医に電話し指示を受けることは，臨床心理士がAさんとの治療関係を構築する上で，主体性の乏しい専門家と思われる可能性がある。Aさんとの信頼関係を構築する上でも，適切な対応とはいえない。

d　**誤り（×）。**PTSDの自然回復に関しては，症状が固定化する傾向にある。大規模災害から1年3カ月経過し，その1カ月後に電話で受診希望の確認を求めても，Aさんの受診行動への意欲が高まるとは考えられない。

e　**誤り（×）。**「必要な場合には医療機関に電話をするように」というのは，Aさんの自発性を尊重しているようにみえるが，Aさんに寄り添い，関係性を構築し，ニーズに応えるなどのアウトリーチの重要性を理解しているとはいえない。

以上の理由から，

a，c，d，eは誤りで，正答は　b　となる。

問題93……正答d

DSM-5における心的外傷後ストレス障害（PTSD）の診断基準について，その内容をケースに応じて理解することが，トラウマ症状の軽減と回復支援にとって，重要である。

A　**誤り（×）。**「前向きに考えられない」は，DSM-5では，「心的外傷的出来事に関連した認知と気分の陰性の変化。心的外傷的出来事の後に発現または悪化」にあてはまる。

B　**正しい（○）。**「入浴できない」は，DSM-5では，持続的回避の一つとして「心的外傷的出来事についての，または密接に関連する苦痛な記憶，思考，または感情を呼び起こすことに結びつくもの（人，場所，会話，行動，物，状況）の回避，または回避しようとする努力」にあてはまる。「津波−水に浸かる−入浴」が，Ａさんに苦痛な記憶感情を想起させ，回避行動をひき起こす。

C　正しい（○）。「余震があると恐怖で動悸・発汗してつらい」は，DSM−5では，侵入症状の一つとして「心的外傷的出来事の側面を象徴するまたはそれに類似する，内的または外的なきっかけに対する顕著な生理学的反応」にあてはまる。余震が外的なきっかけとなり，侵入症状として動悸・発汗などの生理的反応を生じさせた。

D　誤り（×）。「イライラして激しい怒りがわいたことがあった」は，DSM−5では，覚醒度と反応性の著しい変化の一つとして，「人や物に対する言語的または肉体的な攻撃性で通常示される，（ほとんど挑発なしでの）いらだたしさと激しい怒り」にあてはまる。

以上の理由から，

a，b，c，eは誤りで，正答は　d　となる。

問題97……正答c

令和４年（2022）４月に民法が改正され，成年年齢が18歳に変わった。それに伴い，少年法の適用年齢の引き下げについて検討がなされ，その結果，少年法の適用年齢の引き下げは見送られたが，民法上の成年である18歳と19歳については「特定少年」として，17歳以下の少年とは異なる扱いとされることが定められた。少年事件の取扱いが，年齢によってどのように異なるのかについて，正確な知識を有することは，児童や青少年とその関係者の支援に携わる臨床心理士にとって重要なことである。

A　正しい（○）。令和３年（2021）の少年法改正により，18歳以上の特定少年については，原則逆送対象事件の範囲が拡大され，故意の犯罪行為で被害者を死亡させた罪の事件のほか，死刑又は無期若しくは短期１年以上の懲役・禁錮に当たる罪の事件も対象となった（少年法第62条第２項）。たとえば，現住建造物等放火罪，強制性交罪，強盗罪，組織的詐欺罪等が該当する。

B　**誤り（×）**。特定少年のときに犯した罪について，原則として推知報道は禁止されるが，公開の法廷で刑事責任を追及される立場となった場合には，推知報道の禁止が解除される。これは，検察官送致決定となり，さらに，公判請求された時点である（検察官送致となっても公訴が提起されない場合もある）。

C　**誤り（×）**。特定少年の場合は，少年院送致決定時に，裁判官が３年以下の範囲内で「少年院に収容する期間」と定めることとなっている。「少年院に収容する期間」とは，少年院に収容できる期間の上限であり，その範囲内で少年院内における施設内処遇と，仮退院後の社会内処遇を行う。したがって，仮に在院中に20歳に達しても，それを理由に少年刑務所に移ることはない。

D　**正しい（○）**。一定の重大事件の被害者などに少年審判の傍聴を認めるという制度は，平成20年（2008）の少年法改正により設けられた。一定の重大事件は，①故意の犯罪行為により被害者を死傷させた罪，②業務上過失致死傷，③過失運転致死傷であるが，これらのうち傷害については「生命に重大な危険を生じさせたとき」に限られている。

以上の理由から，

a，b，d，eは誤りで，正答は　c　となる。

問題98……正答b

近年の少年法の相次ぐ改正により，少年事件の取扱いについて，新たな制度が次々に設けられ，種々の手続きが適用される年齢区分も変更されている。それらの少年事件の取扱いに関する主な変更点について知識を有することは，児童や青少年とその関係者の支援に携わる臨床心理士にとって重要なことである。

A　**正しい（○）**。観護措置決定による少年鑑別所への収容期間は２

週間であり，更新の回数は１回が原則であるが，事実認定のために証人尋問等証拠調べを要する事件は，さらに２回を限度として（合計３回）更新することができる（２回以上の更新は平成 12 年の少年法改正により設けられた制度である）。したがって，少年鑑別所に収容できる期間は最大８週間以内である。

B　**誤り（×）**。家庭裁判所の決定による保護観察（１号観察）の期間は，保護観察処分少年が 20 歳に達するまでであり，決定の時から 20 歳に達するまでの期間が２年に満たない場合には２年とされている。したがって，Ｂさんの場合は 20 歳に達するまでである。

C　**正しい（○）**。平成 19 年（2007）の少年法改正により，保護観察処分少年について，保護観察所の長の警告を受けたにもかかわらず，なお遵守事項を遵守せず，その程度が重く，かつ，その保護観察によって改善更生を図ることができないと認めるときは，保護観察所の長による施設送致申請により，家庭裁判所が少年院送致などの保護処分決定を行うという制度が設けられた。

D　**誤り（×）**。原則として検察官送致決定をしなければならない場合の要件は，①故意の犯罪行為により被害者を死亡させた事件であること，②少年が犯行時 16 歳以上であることである。Ｂさんは犯行時 15 歳なので，Ｂさんの事件は該当しない。

以上の理由から，

a，c，d，eは誤りで，正答は　b　となる。

問題 99……正答 e

14 歳未満の触法少年と 14 歳以上の犯罪少年との取扱いの違いを正確に理解することは，学校臨床心理士や，児童相談機関，児童福祉機関などに勤務する臨床心理士にとって重要である。また，重大な触法事件を受け平成 19 年（2007）に少年法が改正され，触法少年に係る事件に関する警察の調査権限が整備され，少年院送致下限年齢も引き下げられた。

a　**誤り（×）**。14 歳未満で刑罰法令に触れる行為をした者は，触法少年である。また，犯罪少年には，刑事未成年者である 14 歳未満の者は含まれない。したがって，被害者が死亡するという重大な結果を招いたとしても，C さんは触法少年である。

b　**誤り（×）**。平成 19 年の少年法改正により，触法少年に係る事件に関する警察の調査権限が整備され，必要な場合には押収，捜索などの強制処分も認められることになったが，少年の身柄拘束を伴う強制処分（逮捕・勾留など）は認められていない。

c　**誤り（×）**。触法少年については，都道府県知事又は児童相談所から送致されたときに限り，家庭裁判所は審判に付すことができるので，警察官はまずは児童相談所に送致する（児童福祉機関先議）。平成 19 年の少年法改正により，一定の重大な触法行為（傷害致死事件は該当する）を行った少年については，警察官から送致を受けた都道府県知事又は児童相談所長は，原則として，事件を家庭裁判所に送致しなければならないとされたが，児童福祉機関先議主義を否定するものではなく，犯罪少年の場合のように，警察官が検察官に事件を送致することはない。

d　**誤り（×）**。平成 19 年の少年法，少年院法改正により，少年院に送致すべき少年の年齢の下限が「おおむね 12 歳以上」に引き下げられた。ただし，14 歳未満の少年に対する少年院送致決定は，「特に必要と認める場合に限り」許されるとされている。

e　**正しい（○）**。現行の少年法には，検察官送致決定が許される少年の年齢についての規定はない。そのため，少年に対して刑事責任を問うことができる犯行時 14 歳以上の場合であれば，検察官送致決定をなし得るとされている。

以上の理由から，

a，b，c，d は誤りで，正答は　e　となる。

問題 100……正答 b

労働者のかかえるストレスは，拡大する傾向にある。仕事に関する強い不安やストレスを感じる労働者も多く，厚生労働省は「労働者の心の健康の保持増進のための指針」などを示している。それらの背景もふまえ，産業領域の臨床心理士は，クライエントのメンタルヘルスのみならず，企業組織全体を視野に入れて支援を行う必要がある。

本問では，企業内支援について，理解を問う問題である。

A　正しい（○）。企業内の心理支援において，治療構造を優先するのではなく，クライエントの状況に応じて，柔軟に対応することが重要である。

B　誤り（×）。企業内の心理支援は，クライエントと組織全体が対象となる。

C　正しい（○）。クライエントが抱える心の問題により，業務へ影響をおよぼすケースも多い。クライエントの心の問題の支援のほか，クライエントの業務に関するケアについても考慮する必要がある。

D　誤り（×）。クライエント個人が抱える心の問題が，職場や業務に影響を与え，企業の生産性を低下させることも考えられるので，リスクマネジメントは必要である。企業内の心理支援では，組織のリスクマネジメントについても考慮し，個人，また組織全体を視野に入れて支援を行う。

以上の理由から，

a，c，d，eは誤りで，正答は　b　となる。

公表試験問題の正答一覧

令和 2 年度

問題 3……b	問題 27……d	問題 42……e	問題 76……c
4……a	28……c	59……d	77……b
5……e	29……b	60……a	82……c
8……e	30……a	61……b	91……c
11……e	31……d	62……c	92……c
14……b	33……d	66……a	95……e
16……c	34……a	71……e	96……e
18……a	35……c	73……c	97……a
19……c	39……b	74……d	99……a
26……e	40……a	75……d	100……d

令和 3 年度

問題 2……a	問題 39……b	問題 62……c	問題 78……b
7……c	40……b	63……e	79……d
9……c	41……e	64……a	80……e
10……b	43……b	65……e	87……c
14……a	44……c	66……a	88……e
15……d	45……e	67……d	89……d
16……d	49……c	68……d	91……e
28……a	51……b	72……b	95……b
33……e	53……e	73……a	96……c
36……b	58……d	74……b	98……c

令和 4 年度

問題 2……a
5……a
9……c
11……a
12……e
16……d
19……a
23……b
24……c
25……a

問題 26……e
27……a
29……b
40……a
41……e
42……e
47……c
49……a
50……b
54……a

問題 55……d
56……d
57……e
65……b
66……e
67……d
68……c
69……e
78……d
79……c

問題 80……e
84……c
85……b
86……a
92……b
93……d
97……c
98……b
99……e
100……b

お知らせとお願い

◆ 資格取得のための申請書類一式を希望の方は，下記の郵便振替口座に，１部につき 1,500 円送金してくだされば，協会事務局よりお届けします。ただし，当該年度の試験が実施される約３カ月前の**７月上旬**から書類送付希望を受け付けます。なお，本書に添付の郵便振替用紙をご利用いただいても結構です。詳細は，本協会 HP にて確認してください。

郵便振替口座番号　00130-1-362959

加入者名　公益財団法人 日本臨床心理士資格認定協会

◆ 資格取得のための申請書類一式（当該年度版実施要項も含む）は，実施年度ごとに変更をみていますので，必ず当該年度の申請書類で手続をしてください。

◆ 本書の内容，および資格取得に関するお問合せは，土，日，祝日を除き下記の協会事務局宛にお願いします。なお試験の詳細については，当該年度発行の『新・臨床心理士になるために』（誠信書房）を参照してください。

〒 113-0034　東京都文京区湯島１－10－５　湯島 D&Aビル３階
公益財団法人　日本臨床心理士資格認定協会　事務局
電話　03－3817－0020　　http://fjcbcp.or.jp/

臨床心理士資格試験問題集６［令和２年～令和４年］

令和 6 年 6 月 10 日　第 1 刷発行

監　修　公益財団法人
日本臨床心理士
資格認定協会

発行者　柴　田　敏　樹

印刷者　西　澤　道　祐

発行所　株式会社　**誠　信　書　房**

〒112-0012　東京都文京区大塚 3-20-6

電　話 03（3946）5666㈹

https://www.seishinshobo.co.jp/

印刷／あづま堂印刷　製本／創栄図書印刷　　ISBN978-4-414-41705-0 C3011

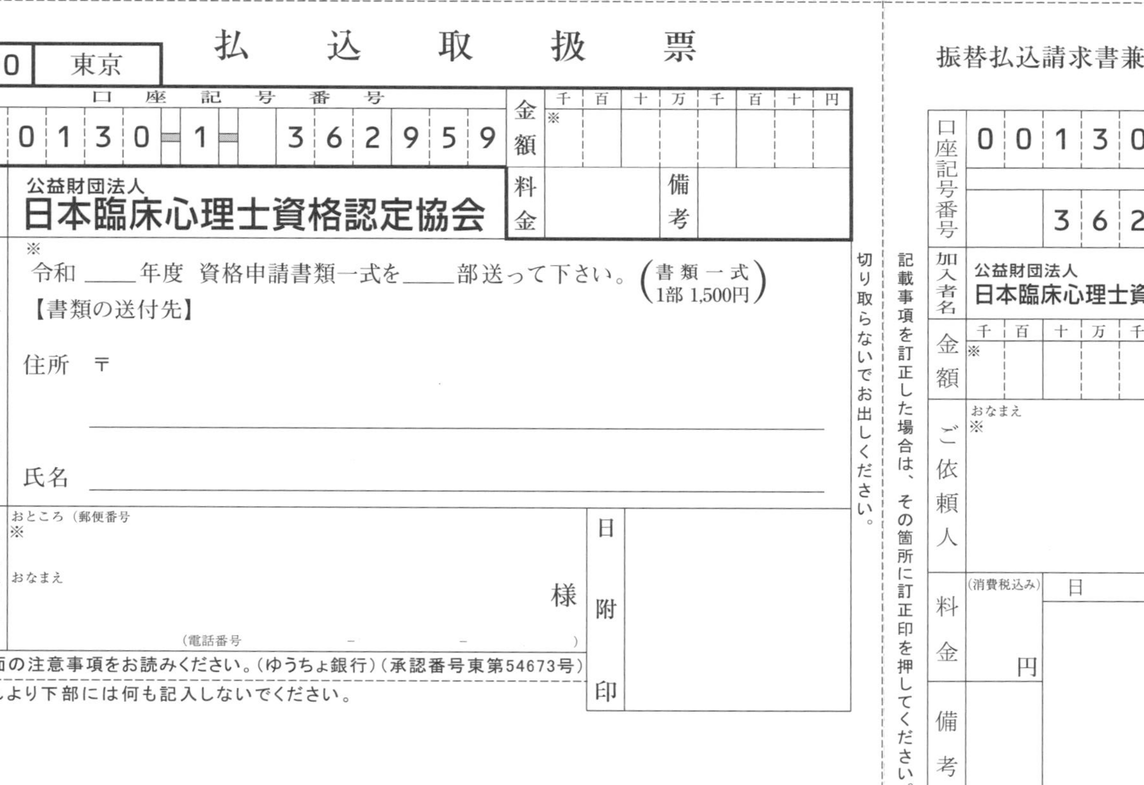

払込取扱票

00 東京

口座記号番号	0	0	1	3	0	-	1	-		3	6	2	9	5	9

金額	千	百	十	万	千	百	十	円
	※							

加入者名：公益財団法人 日本臨床心理士資格認定協会

料金　　　備考

通信欄

※

令和＿＿年度 資格申請書類一式を＿＿部送って下さい。（書類一式 1部 1,500円）

【書類の送付先】

住所 〒

氏名

ご依頼人

おところ（郵便番号
※

おなまえ

様

（電話番号　　－　　－　　）

日附印

裏面の注意事項をお読みください。（ゆうちょ銀行）（承認番号東第54673号）

これより下部には何も記入しないでください。

各票の※印欄は、ご依頼人において記載してください。

切り取らないでお出しください。

記載事項を訂正した場合は、その箇所に訂正印を押してください。

振替払込請求書兼受領証

口座記号番号	0	0	1	3	0	-	1
		3	6	2	9	5	9

加入者名：公益財団法人 日本臨床心理士資格認定協会

金額	千	百	十	万	千	百	十	円
	※							

ご依頼人

おなまえ
※

様

料金（消費税込み）　円

日附印

備考

この受領証は、大切に保管してください。

（ご注意）

・この用紙は、機械で処理しますので、金額を記入する際は、枠内にはっきりと記入してください。また、本票を汚したり、折り曲げたりしないでください。

・この用紙は、ゆうちょ銀行又は郵便局の払込機能付きATMでもご利用いただけます。

・この払込書を、ゆうちょ銀行又は郵便局の渉外員にお預けになるときは、引換えに預り証を必ずお受け取りください。

・この用紙による、払込料金は、ご依頼人様が負担することとなります。

・ご依頼人様からご提出いただきました払込書に記載されたおところ、おなまえ等は、加入者様に通知されます。

・この受領証は、払込みの証拠となるものですから大切に保管してください。

収入印紙
3万円以上
貼　付

印

この場所には、何も記載しないでください。